Go Tell It to the Emperor

D11883568

Go Tell It to the Emperor
The Selected Poems of Pierluigi Cappello

Translated from the Italian by
Todd Portnowitz

SPUYTEN DUYVIL
New York City

Grateful acknowledgment is made
to the journals who first published some of these translations:

AGNI: "September," "Poor Words"
Ambit: "Note in the Margin"
Asymptote: "The Highway"
Dial 2: "Letter to a Newborn"
Guernica: "In Which Forest"
Italian Poetry Review: "The Light Touched," "Poiein," "Redstart"
Modern Poetry in Translation: "April, Playground," "Summer Poem," "Evening"
Mosaici: "Note," "Redstart," "Nursing Home, First Floor"
Narrative Magazine: "Morning"
PN Review: "Rain," "Go Tell It to the Emperor," "Voices," "Shadows," "The Snow
That You Once Were," "Awakening," "In the Month of May"
Poetry: "Staying," "White"
Transom: "Nocturn," "That nullity cloaking your shoulders"

Library of Congress Cataloging-in-Publication Data

Names: Cappello, Pierluigi, author. | Portnowitz, Todd, 1986- translator.
Title: Go tell it to the emperor : the selected poems of Pierluigi Cappello /
    translated from the Italian by Todd Portnowitz.
Description: New York City : Spuyten Duyvil, [2019] | Originally published in
    Italian as Mandate a dire all'imperatore (Milano : Crocetti, 2010).
Identifiers: LCCN 2019016802 | ISBN 9781949966367
Subjects: LCSH: Cappello, Pierluigi--Translations into English. | Italian
    poetry--21st century--Translations into English.
Classification: LCC PQ4903.A4955 A2 2019 | DDC 851/.92--dc23
LC record available at https://lccn.loc.gov/2019016802

CONTENTS

from
Dentro Gerico / In the Walls of Jericho (2002)

from
La misura dell'erba / The Height of Grass (1998)

CODA

from
Stato di quiete / State of Calm (2016)

PREFACE

Pierluigi Cappello's poems seem all to have been written in pencil: elegies for fading memories, they threaten impermanence on the page. And yet the words hold, so assured are they in their leave-taking. What results is a startling optimism, a cool resignation. "The future is what remains, what's left of all that's been called upon" he writes in the poem "Shadows"—and then, as if in revolt: "to the rifling past of summoned faces, I add my own."

Born in Gemona del Friuli in 1967, Cappello spent his childhood in the nearby village of Chiusaforte, just 90 kilometers northwest of Trieste—a village of no more than 800 inhabitants, all but cut off from the political and cultural fluctuations of the Italian peninsula. In a note to the poem "Café, Chiusaforte," he describes his hometown as

> a thin row of houses lining a canal—the Iron Canal—situated in the far northeast of Italy. Just to the north are the borders of Austria and Slovenia. Upstream of Chiusaforte the canal takes on the form of a throat: the surrounding foothills of the mountains rise up, each one "lo trazer de un bon brazcho" from the other—no more than a stone's throw away—as a disconcerted forest inspector of the Serenissima Republic of Venice wrote in his report. Roughly parallel to the city run the Pontebbana State Highway and, farther up the Fella River—and since the eighties, literally crammed—the highway leading to Austria.

Before the eighties and the heavy traffic, on May 6, 1976, came the first of two defining events in Cappello's life: a 6.5 magnitude earthquake, which left nearly 1,000 dead and 157,000 homeless across the region. Cappello and his family were relocated to a prefab community provided by Austria as aid for earthquake victims: a village of "barracks" constructed in Campo Ceclis, one of the few wooded areas of Chiusaforte. Though he would later describe the zone in a poem as home to a "Slavic disorder," with "tires eaten down to their metal souls" and a "dead motor on a sawhorse," it was nonetheless a haven for children, freed suddenly by the tragedy from the attention of their parents.

Cappello was nine years old at the time of the earthquake and would spend his childhood running ecstatically around the Campo. Despite the prevailing climate of illiteracy, he took early to writing poetry, reading his way through thrift editions of the classics. Later he would enroll at Udine's Technical Insisute and receive training as a pilot. But then, at age sixteen, on a day like any other, came the second major rupture in Cappello's life: a motorbike crash that left his friend dead and his own spinal cord severed. The next year and a half he spent in the hospital, between surgery and rehabilitation. He would never walk again.

***

As ardently as Italy has claimed him as its poet, awarding him the Viareggio Répaci prize for his 2010 collection *Mandate a dire all'imperatore* (*Go Tell It to the Emperor*), as well as the Bagutta Opera Prima prize and the Montale Europa prize for previous collections, Cappello remains distinctly Friulian, with one volume of poetry published exclusively in his region's dialect, and another, *Diptych,* featuring work in both dialect and standard Italian.

Like end words in a sestina, the things of Friuli loop in and out of his poems: snow, mountains, fir trees, swallows, stones, clouds.

> if the mountain collapses, my face collapses a little each day
> if the river runs dry, my heart's just as ready to shrivel,
> if the highway throws a shadow on the shadow of the valley
> you'll find the trace of it here, just below the navel,
> the way each circle is encircled on an aging trunk.
>
> (from "The Highway")

With the landscape he shares a body, and its scars are his own.

> Meanwhile, we can all see
> how the highway sliced the valley's gut
> and the throats of anyone left

Like the Friulian earthquake, the highway—Autostrada A23, opened in 1966—stands as a dividing line between two epochs: the Friuli where, as Francesca Archibugi writes in her introduction to Cappello's selected poems in Italian, "no one brushed their teeth, no one knew from toothbrush or toothpaste," and the age of "cosmetic megastores stacked with chemical essences in flowery packaging." Though Cappello bears the scars of modernization, as he must, he bears them with the patience of the land itself, with the confidence that, like everything else above ground, these human wounds will soon be absorbed into the surface.

From the isolation of Chiusaforte, from the pained serenity of his solitude, Cappello traces his surroundings, instinctually and easily, as if breathing in through his eyes and out through his hand. The troubled simplicity of his lyric poems, along with his deep allegiance to the regional landscape, are traits he shares with the neighboring, Triestan poet, Umberto Saba—one of the many authors whom Cappello addresses directly in his work, along with Franco Fortini, Vittorio Sereni, Wisława Szymborska, and Pier Paolo Pasolini, another poet of the Friulian dialect.

***

The critical response in Italy to Cappello's work has been substantial, with numerous articles, reviews, interviews, and studies of his poetry published in the last years. Principal among the contributors is Anna De Simone, who edited Cappello's selected poems in Italian, *Azzurro elementare* (BUR Rizzoli 2013) and assembled its bibliography. She writes often of the central importance of childhood in his work, of "the boyhood 'me' that runs breezily through [his] poems."

It is a boundless, imaginary childhood space, enriched and drawn forth by the uniqueness of the landscape . . . where already one can hear the breathing of the Danube, between 'the centuries' high blue battlements' of the mountains of Chiusaforte. . . . A small, immense world, familiar and safe, one which today he can access only through the act of grieving and through the extreme lucidity with which, grain by grain, his lyric "I" sifts through the sands of time—to find, buried beneath, the scraps and fragments of the missing truth of his own *essere* and of his ancient certainties.[1]

This insistence on the lyric "I" as the sifter or mediator—or "the window itself," as Francesca Archibugi writes—is prevalent in critical discussions of Cappello's poetry. Not only does the poet observe, but he merges with the act of observation. Alessandro Fo notes the same phenomenon in his essay on *In the Walls of Jericho*: "The poet, distilled in observation, becomes his own fixed and pained gaze on the world, on things, on people, with the double aim of evaluating himself and his own disenchantment with a life that encompasses and curses all other existences"[2]:

we are the snow inside of things
the eye dazzled and distanced by all
and to live is a shrinking space in this world
where I sit in the garden.
                    (from "Morning")

Though there is anger in Cappello's poetry, disillusion over the one pained existence he's been given, over the minute struggles he faces each day from his physical limitations, it is filtered through prayer and song, pressed upon by wonder and gratitude. Constrained by his immobility, he draws the world to himself, summons it with language, refuses to let it drift.

***

---

1   De Simone, Anna. "La memoria e il tempo nella poesia di Pierluigi Cappello." *Mobydick*, no. 65, 2004.

2   Fo, Alessandro. "Il verbale di una persistenza. Assedio e nostalgia di lontananze in 'Gerico' di Pierluigi Cappello." *Caffè Michelangiolo*, Anno VII, no. 2, May 2002, pp. 61–62.

I was born beyond these pages
by a river; in my nose I carry
the fir's resin heart, in my eyes the silence
of new snow, the long memory
of those with little to tell.

(from "Shadows")

"I was born beyond these pages": it is not to say that poetry is secondary, but to remind that there is life outside of language, and that life is foremost. This poet knows that to have "little to tell" means in no way to have "lived little." In speaking for, and of, himself, Cappello lends his voice freely to those around him, to those who don't know how to speak, or who may not want to. If only briefly, in poem after poem—"Poor Words," "Café, Chiusaforte," "Letter to a Newborn"—we encounter his friends, his and aunts and uncles, friends of friends, nieces and nephews and, most frequently, his father.

You used to say tomorrow, and this is my son
and with the silence of a whistle in a squall
your names were gone
you, who were citizen and shadow
submission and strength
your name, father, and Bruno's, who was not an antelope
and who flung stones at a robin on the highest branch,
or Giordano's name, or Cesare's, or Alfredo's, the gunner,
or the name of those, like you, who used to be children,
who used to say tomorrow..

For Cappello, to summon in memory is to give life. He calls upon the figures of his past not merely to evoke a mood or an image for the reader, but for his own pleasure, to relish their company. The lines cited above are drawn from the poem "Your Names," which recounts a visit to his father in a nursing home—a trembling lament for what must pass that is yet an ode to the force of remembering:

and if there's a way out, father,
even if I can't say tomorrow
with its light at the doorstep,
it's this meeting of your eyes in mine
this thinking you alive . . .

The poem lends its title to the first section of Cappello's most powerful collection, *Mandate a dire all'imperatore* (*Go Tell It to the Emperor*), published in 2010 by Crocetti Editore.

***

When, in 2013, a copy of *Mandate a dire all'imperatore* arrived in my mailbox in Brooklyn, I'd already known of Cappello's work for nearly two years. Only I hadn't read a line of it. The poet and Latin professor—and recent translator of the *Aeneid* and of Catullus into Italian—Alessandro Fo, had recommended Cappello to me back in 2011, while I was living in Siena on a teaching exchange with the University of Wisconsin-Madison. Shortly after, however, I returned to graduate school in America and to its numerous demands, and the idea of taking on a substantial translation project fizzled. Only a year-and-a-half later, having completed my Master's degree and moved to New York, did the notion return. By then I'd published two translation features, of the American poets Amy Clampitt and Donald Justice, in the Italian magazine *Poesia,* and I decided to ask that magazine's editor, Nicola Crocetti, to recommend a contemporary Italian poet. He answered, without hesitation: Pierluigi Cappello.

From the very first lines of the first poem in *Mandate a dire all'imperatore*, I was enchanted: "Così come oggi tanti anni fa / mandate a dire all'imperatore." The six words of the incipit are simple enough: *così, come, oggi, tanti, anni, fa*—words even an Italian 101 student would recognize. And yet they seemed tangled, looped like the infinity sign: the lack of punctuation and the tangential nature of the second line only complicated things further. I felt compelled—not only to read on but also to reflect his cadences in English.

I began translating Cappello's work backwards, from his latest book to his earliest—*Mandate a dire all'imperatore* (2010), *Dittico* (2004), *Dentro Gerico* (2002) and *La misura dell'erba* (1998), excepting only his collection written exclusively in Friulian dialect, *Amôrs* (1999)—an order that's reflected in the arrangement of this volume. Only a handful of poems—all taken from *Dittico*—have been translated from Friulian, and in those cases the standard Italian text is provided. Each of the books is represented amply in *Azzurro elementare*, which served as my principal source text. In 2016, Cappello published an additional thirty poems under the title *Stato di quiete,* a selection of which I've added to this volume as a coda. These would be his last poems: on October 1, 2017, at the age of fifty, Cappello died of complications from a long-suffered illness. One year later, in September of 2018, Rizzoli published his collected poems, under the title *Un prato in pendio.*

In his craft, Cappello is a patient, subtle magician, reminiscent of Merwin in *The Shadow of Sirius* (Copper Canyon Press, 2008). With sleight of hand he shifts a word, pulls a comma, swaps verb for noun, and so transports the reader to a realm of meaning not above language but behind it—the alphabet pulled back like a curtain to reveal a bare stage, haunting and dream-abiding. Wherever possible, I have attempted to mirror his special syntax and sparse punctuation, to recreate for the reader in English the same enchanting disorientation I felt upon approaching these poems for the first time in Italian.

from
Mandate a dire all'imperatore /
Go Tell It to the Emperor
(2010)

PIOVE

Piove, e se piovesse per sempre
sarebbe questa tua carezza lunga
che si ferma sul petto, le tempie;
eccoci, luccicante sorella,
nel cerchio del tempo buono, nell'ora indovinata
stiamo noi, due sguardi versati in un corpo,
uno stare senza dimora
che ci fa intangibili, sottili come un sentiero di matita
da me a te né dopo né dove, amore, nello scorrere
quando mi dici guardami bene, guarda:
l'albero è capovolto, la radice è nell'aria.

RAIN

Rain, and if it were to rain forever
it would be your long caress
come to a stop here at my chest, my temples;
here we are, glimmering sister,
encircled in this good moment, in this hour guessed at
we exist, two gazes poured into a body,
an existence without residence, and so we are
untouchable, as thin as a path penciled
from me to you, no further, in no place, my love,
in this moment's passing
when you ask me to look at you, and look hard:
the tree is upside down, its roots are in the air.

In quale bosco

Il cielo era verde di freddo tra gli aghi dei pini
e qui non c'è nessuno, l'umido salito dalla neve
si intrama nell'odore dei vestiti bagnati
hai stretto per sempre il manico dell'ascia
all'altezza dell'intaglio, tre asterischi, le iniziali e una data
e la dignità delle tue mani si è svenata in dolcezza
adesso, tra la polvere e il dominio, dove hai incontrato
te stesso in chissà quale bosco dei miei occhi
quando ti sei voltato e mi hai detto, dio, quanto sole
così lontano, diverso, quanto ad uno ad uno i giorni
stringono il cuore e separano.

In Which Forest

The sky was green with cold between the pine needles
and no one's around, the dampness risen off the snow
weaves itself into the smell of our wet clothes
you gripped the axe's handle, once and for all
right where it's carved, three asterisks, initials and a date
and the dignity of your hands bled out into sweetness
now, between dust and dominion, where you met
yourself in who knows which forest of my eyes
when you turned to me and said, god, how much sun
and so far off, so other, how steadily each day
wrings the heart and goes its separate way.

L'AUTOSTRADA

È stato appena detto
    guarda, una lepre
da dov'era al più fitto del bosco
è rimasta l'idea di un tema interrotto,
la felicità di quando non la si contiene
e scoppia via, lontana da noi. Da queste parti
c'è chi ha visto la lince, è capitato anche a me
anni fa, nel cuore della notte, vicino a un deposito di munizioni
Cercavo Sirio per avvicinarmi al cielo e ho trovato la lince,
alle mie spalle, con gli occhi di madre arrabbiata. È stato come se il nulla
avesse lasciato un varco e fosse sbucata
l'illustrazione di un libro di scuola
la bestia era lì, a due passi da me
e ho dimenticato lo splendore delle stelle fisse.
Non rimarremo qui senza uno scopo,
qualcuno dà per certa la presenza dell'orso
viene da est, e, come gli abeti, pare si avvicini sempre di più
a queste poche case. Invece non c'è chi non veda
come l'autostrada ha tagliato la pancia alla valle
e la gola di chi è rimasto;
mentre nevica no, il taglio si fa meno inciso
tutto si allontana, magari si diventa molli come erbe nell'acqua
e lo sguardo rinasce nello sguardo
di come le cose erano vere per la prima volta, nell'innocenza
e il ceruleo di un giorno di settembre
precipita in gola, il pallone sembrava tornato dalle nuvole
tanto in alto era stato lanciato dal padre
e c'era l'odore del fieno radunato prima della pioggia
e sempre queste poche case e tutto non è stato toccato
ancora non è stato toccato
ma si ferma in gola, al di qua del dire.

The Highway

Just now it was spoken
                  look, a hare
in the thickest patch of forest where it was—
only the hunch of a reflection,
that height of happiness at which it snaps
and bolts, far from us. Around these parts
a few lynxes have been spotted. I saw one
years ago, in the dead of night, near an ammunition depot.
I was out looking for Sirius, acquainting myself with the sky
and behind me was a lynx, eyes like an angry mother's,
as if a portal had opened and out came a storybook illustration,
the beast, right there, a foot or two away
and I forgot all about the splendor of the fixed stars.
With no end in mind, we won't last here—
one of us swears there's a bear nearby, to our east
and, like the firs, it seems to be drawing nearer
these scattered houses. Meanwhile, we can all see
how the highway sliced the valley's gut
and the throats of anyone left;
when it's snowing, no, the scar is less defined,
all grows distant, and maybe it all goes soft like grass in water
and the gaze is reborn inside the gaze
of the way things were true for the first time, inside innocence
and the cerulean of September days
sinks in the throat, the kickball fallen from the clouds,
it seemed, so high had the father punted it,
and the smell of hay gathered before the rain
and of course the scattered houses and nothing tampered with,
all of it, still untouched—
yet it sticks in the throat, beyond speech.

Il dolore tuo proprio, quello e non altro
la tua forma di guardare
più in là dei miei capelli
quando mi racconti, un ragazzino leggeva Camus
seduto su di un albero di more, stava sulla forcella
fra il tronco e il ramo più grosso mentre noi si forava la montagna
il fiume veniva violato e una polvere sottile si posava
sui tetti del paese, sui berretti delle sentinelle
nella caserma Zucchi, sul cartello "limite invalicabile"
si segnava una fine. Ci guardammo dopo
quando tutto era stato raccolto
e a noi stessi i nostri volti parvero lontani
adesso si sta quasi sereni, quasi leggeri
i bambini attraversano l'acqua nel tempo in cui dimagra
un saltello da un sasso all'altro;
non si rimane qui senza uno scopo
se la montagna frana, la mia faccia frana un poco al giorno
se il fiume si dissecca, il mio cuore è pronto a disseccare
se l'autostrada mette ombra all'ombra della valle
ne trovi il taglio qui, poco sotto l'ombelico
com'è vero che il cerchio si aggiunge al cerchio nel mutarsi del tronco.
Domani anche qui saremo in mezzo alle foglioline
si può dire la marea si può fermare
ma nessuno è capace di arrestarla
e noi si vive dentro questi metri crudi
e il vivere è portarne la scomparsa,
un giorno alla volta comporne il nome.

Your pain and yours alone
your way of looking
just past my hair
when you tell a story, a boy was reading Camus
in a mulberry tree, in a fork between the trunk
and the thickest branch, while we bore a tunnel through the mountain
the river was under siege and a thin dust settled
on the roofs of the village, on the peaked caps of the guards
outside the barracks in Zucchi, on the "do not enter" sign,
an end was nearing. We stared at one another, later
once all had been gathered
and our faces seemed far off,
it's been peaceful lately, almost easy
in the dry season, children cross the water,
each stone one leap from the next;
with no end in mind, we won't last here—
if the mountain collapses, my face collapses a little each day
if the river runs dry, my heart's just as ready to shrivel
if the highway throws a shadow on the shadow of the valley
you'll find the trace of it here, just below the navel
the way each circle is encircled on an aging trunk.
Tomorrow, yes, even here we'll be covered in leaves
the tide may come to a halt on its own
but no one can make it stop
and inside these crude meters we live our lives
and to live is to carry what's been shed,
to one day at a time compose its name.

RESTARE

Gli occhi si sono fatti di sale nel voltarmi
i pensieri si sono fermati nei gesti, nel silenzio delle cose fatte;
ho raccolto le briciole del dopopranzo
e le ho scosse nell'aria vitrea del giardino
dove è appena spiovuto e irrompe il sole.
Qui, anche il più lieve soprassalto del merlo oltre la siepe
sta fermo e stanno ferme le mie parole come navi in bottiglia.
La vostra lingua è la mia, ma la mia non è la vostra
mi sono sentito pensare mentre in casa lampeggia in penombra
il televisore e una musica epica diffonde l'eleganza di una berlina.
Tengo per me cos'è curare il fuoco
l'odore spesso di legna bagnata, lo stoppino fra le dita
lo stare di tutti i giorni nelle cose da fare, dentro un'altra luce
rotta dalle nuvole, un diverso tramontare allacciato agli alberi alti
pieno negli occhi delle case, sulle bestie dei poveri;
un po' qua un po' là
si sta soli così, oggi, un giorno così, un giorno più soli.

STAYING

My eyes turned to salt in looking back,
my thoughts stood still in gestures,
in the silence of what's been done;
I gathered the crumbs of another lunch
and shook them into the garden's vitreous air
where the sun's just cracked and spilled.
Here, even a flutter of blackbird beyond the hedge
stands still, as my words stand still, like ships in bottles.
Your language is mine but mine is not yours.
At home, I could feel myself thinking
while the television glowed in shadow,
and epic music spread like smoke through the room.
I keep to myself what it means to tend a fire
the thick scent of soaked wood, a match between my fingers,
stuck inside my days and what's to do, in another light
split by the clouds, a different sunset tied to the tallest trees
flush in the eyes of houses, on the poor man's livestock;
a touch here, a touch there—the way loneliness comes,
today, a day like this, one day more alone.

MANDATE A DIRE ALL'IMPERATORE

nulla nessuno in nessun luogo mai
—Vittorio Sereni

Così come oggi tanti anni fa
mandate a dire all'imperatore
che tutti i pozzi si sono seccati
e brilla il sasso lasciato dall'acqua
orientate le vostre prore dentro l'arsura
perché qui c'è da camminare nel buio della parola
l'orlo di lino contro gli stinchi
e, tenuti appena da un battito,
il sole contro, il rosso sotto le palpebre
premerete sentieri vastissimi
vasti da non avere direzione
e accorderete la vostra durezza
alla durezza dello scorpione
alla ruminazione del cammello
alla fibra di ogni radice
liscia, la stella liscia, del vostro sguardo
staccato dall'occhio, palpiterà
né zenit né nadir
in nessun luogo, mai.

Go Tell It to the Emperor

nothing no one in no place never
—Vittorio Sereni

As long ago, so today
go tell it to the emperor
the wells have all run dry
and the stone left by the water shines
set sail into the white heat
for here you must cross through the dark of the word
linen hem against your shins
and, kept whole by a single heartbeat,
leaning into sunlight, red beneath the eyelids
you'll press onward down broad paths
broad beyond all compass
and attune your hardness
to the scorpion's hardness
to the camel's rumination
to the fiber of every slick root
slick star, of your gaze
detached from your eyes, and you'll know
neither zenith nor nadir
in no place, never.

OMBRE

Sono nato al di qua di questi fogli
lungo un fiume, porto nelle narici
il cuore di resina degli abeti, negli occhi il silenzio
di quando nevica, la memoria lunga
di chi ha poco da raccontare.
Il nord e l'est, le pietre rotte dall'inverno
l'ombra delle nuvole sul fondo della valle
sono i miei punti cardinali;
non conosco la prospettiva senza dimensione del mare
e non era l'Italia del settanta Chiusaforte
ma una bolla, minuti raddensati in secoli
nei gesti di uno stare fermi nel mondo
cose che avevano confini piccoli, gli orti poveri, le cataste
di ceppi che erano state un'eco di tempo in tempo rincorsa
di falda in falda, dentro il buio. E il gatto che si stende
in questi posti, sulle lamiere di zinco, alle prime luci
di novembre, raccoglie l'aria di tutte le albe del mondo;
come i semi dei fiori, portati, come una nevicata leggera
ho sognato di raggiungere i miei morti
dove sono le cose che non vedo quando si vedono
Amerigo devoto a Gina che cantava a voce alta
alla messa di Natale, il tabacco comprato da Alfredo
e Rino che sapeva di stallatico, uomini, donne
scampati al tiro della storia
quando i nostri aliti di bambini scaldavano l'inverno
e di là dalle montagne azzurrine, di là dai muri
oltre gli sguardi delle guardie confinarie
un odore di cipolle e di industria pesante premeva,
la parte di un'Europa tenuta insieme
da chiodi ritorti e bulloni, martelli e chiavi inglesi.

SHADOWS

I was born beyond these pages
by a river; in my nose I carry
the fir's resin heart, in my eyes the silence
of new snow, the long memory
of those with little to tell.
North, east, the cracked stones of winter,
the shadow of clouds slung low in the valley—
these are my cardinal directions;
I know nothing of the sea's dimensionless vista
and 1970s Italy never disturbed
the bubble of Chiusaforte—minutes thickened into centuries,
into the gestures of a stillness in this world,
things with constricted borders, dismal gardens, stacks
of chopped wood that were once an echo chased from time to time,
from layer to layer, deeper into darkness. And the cat that naps
in these corners, stretched on a sheet of zinc, in the first light
of November, basks in the air of all the world's dawns;
like the seeds of flowers, carried, like a faint snow
I dreamed I reached my dead ones, in that place
of things I never see when I behold
Amerigo fawning over Gina while she sang
at Christmas mass, the tobacco Alfredo bought,
and Rino, who smelled of stables—men, women,
salvaged from the drag of history
when our childish breath warmed the winter
and beyond the pale blue mountains, beyond the walls
past the gazes of the border patrol,
a smell of onions and heavy industry pervaded—
that part of Europe held together
by crooked nails and bolts, hammers and wrenches.

Il futuro non è più quello di una volta, è stato scritto
da una mano anonima, geniale
su di un muro graffito alla periferia di Udine,
il futuro è quello che rimane, ciò che resta delle cose convocate
nello scorrere dei volti chiamati, aggiungo io.
E qui, mentre intere città si muovono
sulle piste ramate degli hardware
e il presente irrompe con la violenza di un tavolo rovesciato,
mio padre torna per sempre nella sua cerata verde
bagnata dalla pioggia e schiude ai figli il suo sorridere
come fosse eternamente schiuso.
Se siamo ancora cosa siamo stati,
io sono lo stare di quell'uomo bagnato dalla pioggia,
che portava in casa un odore di traversine e ghisa
e, qualche volta, la gola di Chiusaforte allagata dall'ombra
si raduna nei miei occhi
da occidente a oriente, piano piano
a misura del passo del tramonto, bianco;
e anche se le voci del mondo si appuntiscono
e qualcosa divide l'ombra dall'ombra
meno solo mi pare di andare, premendo un piede
dopo l'altro, secondo la formula del luogo,
dal basso all'alto, seguendo una salita.

The future's not what it used to be. It was written
by a knowing, anonymous hand,
spray-painted on a wall outside of Udine—
the future is what remains, what's left of all that's been called upon
in the rifling past of summoned faces, I add my own.
And here, while entire cities race
along the copper-plated lanes of hardware
and the present jolts forward with the violence of an upturned table,
my father comes back for good in his green trench coat,
rain-soaked, and grants his children a smile
as if it were eternally granted.
If we still are what we once were,
I am the presence of that rain-soaked man
who carried home the smell of railroad ties and cast iron
and, sometimes, the shadow-flooded throat of Chiusaforte
gathers in my eyes
from west to east, slowly,
in time with the setting sun, white;
and even if the voices of this world sharpen
and shadow is divided from shadow,
still it seems I walk here less alone, placing one foot
before the other, in accordance with the land,
from low to high, along a slope.

LA LUCE TOCCATA

A Chiusaforte Silvio intrecciava canestri
con mezzo cuore e il cuore dei bambini intorno
io dico ti ho visto nella mia veglia
nel respiro acceso dell'alba
tra il fischio e il silenzio
e le dita andavano di vinco in vinco
come un'acqua nervosa, una spiegazione raccolta
nel tempo dietro questo tempo a mezza veglia
siamo venuti, io con le pupille di bimbo
e allora trattieniti adesso che torno
dentro il tuo odore di povero
nei boschi dove andiamo si dice con lo sguardo
le labbra un profilo chiuso, il passo un passo radicato
qui, dove sono ora, nel battito del giorno alla finestra
nel sonno lasciato, nel millesimo di me
dove ogni debolezza è stata offerta
la pietra aperta, la luce toccata.

The Light Touched

Silvio wove baskets in Chiusaforte
with half a heart and the hearts of the children around him—
it was you I saw in my sleeplessness, I swear
in the kindled breath of dawn
between whistle and silence
and your fingers passed from thread to wicker thread
like troubled water, an explanation formed
in the time behind this time spent half-asleep
we arrived, my pupils like a newborn's—
and don't you leave, now that I'm coming back
within your air of poverty—
in the woods where we're going, we speak with our eyes
our lips a sealed contour, our footsteps taking root
here, where I am now, in the pulsing of the day at the window
in my abandoned sleep, in the thousandth part of me
where every weakness has been offered
the stone opened, the light touched.

I VOSTRI NOMI

Ieri sono passato a trovarti, papà,
la luce in questi giorni non è tagliata dall'ombra
negli alberi senza vento c'è l'odore secco dell'aria
per come posso, ti ho portato il racconto dei temporali,
l'odore di inverno sulle tempie
a Chiusaforte è nevicato, nevica sempre
e le fontane sono ghiacciate
penso, per qualche momento, che tu sia ancora lassù
ad accatastare legna con cura
e non in luoghi come questi
la casa di riposo con la pista per le bocce
dove state raccolti come le foglie nel parco
uniti nell'attesa, lontani dalle città assediate.

Dicevate domani, dicevate questo è il figlio
e con il silenzio del fischio nella bufera
i vostri nomi sono andati via
voi che siete stati popolo e ombra
remissione e forza
il tuo nome, papà, e quello di Bruno, che non era un'antilope
e tirava sassate al pettirosso sul ramo più alto
o quello di Giordano, o quello di Cesare, o quello di Alfredo, l'artigliere
o quello di quelli che, come te, sono stati bambini
che hanno detto domani.

E adesso non è troppo dire
quanto poche sono le foglie cadute
sui giorni di novembre
per dire cos'è l'inverno negli occhi mentre viene
tutto il poco possibile è qui,
nei vostri corpi piegati come l'ulivo
sulle vostre facce di monete graffiate
in questo spazio, in questo tempo confusi
come il cielo e la terra quando nevica,

YOUR NAMES

Yesterday I came to see you, father,
no shadow cuts the light these days
there's a smell of dry air in the windless trees
I brought news of the latest storms, as best I could,
the scent of winter at my temples
it snowed in Chiusaforte, it's always snowing
and the fountains are frozen
I think, for a moment or two, that you're still up there
carefully stacking wood
and not in a place like this
a nursing home with a bocce ball court
where you're gathered like leaves in a park,
united in your waiting, far from the besieged cities.

You used to say tomorrow, and this is my son
and with the silence of a whistle in a squall
your names were gone
you, who were citizen and shadow
submission and strength
your name, father, and Bruno's, who was not an antelope
and who flung stones at a robin on the highest branch,
or Giordano's name, or Cesare's, or Alfredo's, the gunner,
or the name of those, like you, who used to be children,
who used to say tomorrow.

And now it's not too much to say
how few leaves have fallen
on November days
to say what winter is in our eyes as it nears
all of what little is possible is here,
in your bodies bent like olive trees
on your faces like scratched coins,
in this space, in this time—muddled
like sky and earth in the snow,

e se c'è un'uscita, papà, anche se non posso dire domani,
la sua luce sulla soglia
è questo stare dei tuoi occhi dentro i miei
questo pensarvi vivi, liberi e scalzi
le tasche piene di sassi, la memoria di voi
che trema in noi
come una stella incoronata di buio.

and if there's a way out, father,
even if I can't say tomorrow
with its light at the doorstep,
it's this meeting of your eyes in mine
this thinking you alive, free and barefoot,
pockets filled with stones, the memory of you all
that trembles in us
like a star crowned in darkness.

LA NEVE CHE SEI STATO

Chiusaforte è le tue mani rovinate,
le sue case in fila lungo una strada che conduce al nord
e le pietre e gli azzurri, sottilissimi dopo che è nevicato
Chiusaforte è tutti i ritorni che mi allontanano
mentre nevica il tempo sulla neve che sei stato
sui passi contati e poi coperti dal bianco
e c'è un piangere nascosto nel celeste
nelle pigne ai piedi degli abeti
nel silenzio che sgretola gli animi e qualche volta
ci spinge in alto, in alto
dove ci sono parole che erano sassi
dette di punto in bianco, nel freddo
lasciate alla confidenza delle nuvole;

ho fatto un buon tratto di strada, ormai,
e sono stato tuo figlio e sono stato tuo padre
e conosco i gesti che non si spezzano davanti al dolore
l'incandescenza dell'istante che li ha generati
la tua mano sulla mia fronte
il palmo della mia sul dorso della tua
che non so come, non so dove
mi portano ancora con te.

THE SNOW THAT YOU ONCE WERE

Chiusaforte is your weathered hands,
its houses in a row along a street headed north
and stones and shades of blue, so pale after the snow
Chiusaforte is all the homecomings that distance me
while time snows over the snow that you once were
over your footsteps, counted then covered with white
and there's a weeping hidden in the heavenly blue
in the pinecones at the feet of the fir trees
in the silence that crumbles souls and now and then
pushes us upward, upward
where there are words that were stones
spoken point blank, in the cold
confided to the clouds;

I've covered a length of road, now
and I've been your child and I've been your father
and I know the gestures that pain can't fracture—
the incandescence of the instant that brought them on
your hand on my forehead
my palm on the back of your hand—
that somehow, in some place
still carry me with you.

Parole povere

Uno, in piedi, conta gli spiccioli sul palmo
l'altro mette il portafoglio nero
nella tasca di dietro dei pantaloni da lavoro.

Una sarchia la terra magra di un orto in salita
la vestaglia a fiori tenui
la sottoveste che si vede quando si piega.

Uno impugna la motosega
e sa di segatura e stelle.

Uno rompe l'aria con il suo grido
perché un tronco gli ha schiacciato il braccio
ha fatto crack come un grosso ramo quando si è spezzato
e io c'ero, ero piccolino.

Uno cade dalla bicicletta legata
e quando si alza ha la manica della giacca strappata
e prova a rincorrerci.

Uno manda via i bambini e le cornacchie
con un fucile caricato a sale.

Uno pieno di muscoli e macchie sulla canottiera
Isolina portami un caffè, dice.

Uno bussa la mattina di Natale
con una scatola di scarpe sottobraccio
aprite, aprite. È arrivato lo zio, è arrivato
zitto zitto dalla Francia, dice, schiamazzando.

Una esce di casa coprendosi un occhio con il palmo
mentre con l'occhio scoperto piange.

Poor Words

One, standing, counts the change in his palm
the other slips his black wallet
into the back pocket of his work pants.

One rakes the garden's thin soil uphill
in a gown with faint flowers
and her slip shows when she bends.

One grips a chainsaw
and he smells of sawdust and stars.

One rends the air with his shouting
because a tree trunk crushed his arm—
it went *crack* like a heavy branch
and I was there, I was little.

One falls from a bicycle tied to a tree
and when he gets back up his jacket sleeve is torn
and he comes chasing after us.

One scatters the children and crows
with a salt-loaded shotgun.

One, with muscles and stains on his undershirt,
Isolina, bring me a *caffè*, he says.

One knocks on Christmas morning
with a shoebox under his arm,
open up, open up. Your uncle's here, he made it
all hush hush from France, he says, cackling.

One leaves the house covering one eye with her palm
and crying from the other.

Una ride e ha una grande finestra sui denti davanti
anche l'altra ride, ma non ha né finestre né denti davanti.

Una scrive su un involto da salumiere
sono stufa di stare nel mondo di qua, vado in quello di là.

Uno prepara un cartello
da mettere sulla sua catasta nel bosco
non toccarli fatica a farli, c'è scritto in vernice rossa.

Uno prepara una saponetta al tritolo
da mettere sotto la catasta e il cartello di prima
ma io non l'ho visto.

Una dà un calcio a un gatto
e perde la pantofola nel farlo.

Una perde la testa quando viene la sera
dopo una bottiglia di Vov.

Una ha la gobba grande
e trova sempre le monete per strada.

Uno è stato trovato
una notte freddissima d'inverno
le scarpe nella neve
i disegni della neve sul suo petto.

Uno dice qui la notte viene con le montagne all'improvviso
ma d'inverno è bello quando si confondono
l'alto con il basso, il bianco con il blu.

Uno con parole proprie
mette su lì per lì uno sciopero destinato alla disfatta
voi dicete sempre da livorare
ma non dicete mai venite a tirar paga
ingegnere, ha detto. Ed è già
il ricordo di un ricordare.

One woman laughs and has a giant gap in her front teeth
the other laughs, too, but she has no gaps or teeth.

One writes on butcher paper,
I'm tired of this world here, I'm moving to that one there.

One makes a sign
to attach to his woodpile in the forest,
keep back hard work, it says in red paint.

One makes a dynamite stick
to place under the woodpile with the sign
but I never saw it.

One kicks a cat
and loses her slipper.

One loses her mind in the evening
after a bottle of eggnog.

One has a bad hunchback
and she's always finding coins in the street.

One was found
on a cold winter night
his shoes in the snow
snow spirals on his chest.

One says that here in the mountains night comes quickly
but in winter it's pretty when it's hard to tell
high from low, white from blue.

One, with words of his own,
scares up a strike to end all strikes,
yer always telling us to werk
Mister Engineer but ya never tell us
to collect our pay, he says. And already
it's a memory of remembering.

Uno legge Topolino
gli piacciono i film di Tarzan e Stanlio e Ollio
e si è fatto in casa una canoa troppo grande
che non passa per la porta.

Uno l'ho ricordato adesso adesso
in questo fioco di luce premuta dal buio
ma non ricordo che faccia abbia.

Uno mi dice a questo punto bisogna mettere
la parola amen
perché questa sarebbe una preghiera, come l'hai fatta tu.

E io dico che mi piace la parola amen
perché sa di preghiera e di pioggia dentro la terra
e di pietà dentro il silenzio
ma io non la metterei la parola amen
perché non ho nessuna pietà di voi
perché ho soltanto i miei occhi nei vostri
e l'allegria dei vinti e una tristezza grande.

One reads Mickey Mouse
he likes the Tarzan movies and Laurel and Hardy
and the canoe he built in the living room was too big
to fit out the front door.

One I just remembered, just now
in this faint light fringed with darkness,
but I can't remember his face.

One says, here's a good place
for the word amen,
because really this is a prayer, the way you put it.

And I say I like the word amen
because it speaks of prayer and of rain trapped in the dirt
and of pity buried beneath silence,
but I'm not going to put the word amen
because I have no pity for any of you,
I have only my eyes in yours,
and the joy of victory, and a heavy sadness.

VOCI

Dopo il lavoro i bisbigli scoloravano nel grigio della sera
la fatica è stata questo vostro parlare, dalla fatica
il fare con le mani, il fare con i tendini
e le vene gonfie del collo
un tremare di poca acqua tra i sassi;
ho riunito le vostre voci nel ricordarvi
e sono dove vi penso, tutti, nei vostri giorni di freddo
saliti dalla neve pestata, nella memoria, mia,
nella dedizione al vivere passata per ore
di mese in mese più veloci e trascurate
come indirizzi scritti in fretta, nomi subito dimenticati;
per non scolorare nel grigio della sera, sono dove vi penso
al graffio del tempo, ruvido,
in ginocchio, nell'erba alta.

Voices

After work, mutterings faded in the evening gray
the true effort was this chatter of yours and, from this effort,
this labor with hands, this labor with tendons,
neck veins throbbing—
a trickling of water between stones;
in remembering you I rallied your voices again
and I'm here where I think of you, all of you, in your colder days,
coming up from the trampled snow, in a memory, my memory,
in a devotion to life sustained for hours
that month by month grow quicker and less considerable
like addresses jotted down, names learned and forgotten;
to keep from fading in the evening gray, I'm here where I think of you
in a scratch of time, coarse to the touch,
on my knees, in the tall grass.

LETTERA PER UNA NASCITA

Scrivo per te parole senza diminutivi
senza nappe né nastri, Chiara.
Resto un uomo di montagna,
aperto alle ferite,
mi piace quando l'azzurro e le pietre si tengono
il suono dei "sì" pronunciati senza condizione,
dei "no" senza margini di dubbio;
penso che le parole rincorrano il silenzio
e che nel tuo odore di stagione buona
nel tuo sguardo più liscio dei sassi di fiume
esploda l'enigma del "sì" assordante che sei.

Scriverti è facile; e se potessi verserei
la conoscenza tutta intera delle nuvole
la punteggiatura del cosmo
la forza dei sette mari, i sette mari in te
nel bicchiere dei tuoi giorni incorrotti.

Ma non sono che un uomo, e quest'uomo
ti scrive da un tavolo ingombro
e piove, oggi, e anche la pioggia ha le sue beatitudini
sulla casa dalle grondaie rotte
quando quest'uomo ti pensa e fra tutte le parole da scegliere
non sa che l'inciampo nel dire come si resta
e come si preme
nel mistero del giorno nuovo in te
che prima non c'era
adesso c'è.

LETTER TO A NEWBORN

For you, I write words with no diminutives,
no trimmings or ribbons, Chiara.
I'm still up in the mountains,
open to injury,
I like when the blue and the stones contain
the sound of an unconditional "yes,"
of a "no" with no margin of doubt;
words, I think, go in pursuit of silence,
and in your scent like a good season,
in your gaze slicker than river stones,
explodes the enigma of the deafening "yes" you are.

To write you is easy; and if I could I'd pour
the whole of the clouds' knowing
the punctuation of the cosmos
the force of the seven seas, the seven seas in you,
into the cup of your uncorrupted days.

But I'm only a man, and this man
writes you from a heavy table
and it's raining, today, and even the rain has its beatitudes
on a house with broken gutters,
while this man thinks of you and, among all the words to choose,
lands only on the trouble in trying to say
how we reside, how we press
into the mystery of the new day within you
that before was not
and now is.

TRAMANDARE

L'aria è quella umida di marzo quando piove
penso al significato della parola tramandare
mentre sto qui, in questa luce piatta del mattino
e immagino come potrebbe essere
ma non mi viene in mente niente
niente che somigli alla caligine sotto i denti
dopo che tutto brucia e la luce degli incendi
fa luminose le spalle di Enea, Anchise salvato dai crolli.

"Il carapace è la casetta delle tartarughe,
è liscia a toccarla e fatta d'osso, e forse un giorno la toccherai,
ma adesso metti un po' di azzurro sul foglio
e dentro il cielo fai tanti piccoli segni a forma di vu:
quelle sono le rondini, che in primavera
volano lontane e veloci
e quando si abbassano si sa che dopo piove,
diceva mio padre."

Qualche volta si sta fermi per andare
più in alto e più lontano
qualche volta si sta fermi per rimanere fermi
domani e qui, domani ci aspetta
un passato pieno di gloria
domani sarà tardi e saremo felici.

HANDING DOWN

In the damp March air before a rain
I think of the act of handing something down
while I'm here, in the flat light of morning
and I imagine what it might be like
but nothing comes to mind
nothing that resembles the dark stain under our teeth
once all is burning and the light of the flames
gleams on the shoulders of Aeneas, Anchises
spared from the wreckage.

"A carapace is a turtle's little house,
it's smooth to the touch and made of bone,
and maybe one day you'll touch it,
but for now just color the paper blue
and fill the sky with 'v's:
these are swallows, and in spring
they fly far off and fast
and when they dip down, my father would say,
the rain is coming."

Sometimes we stay still to travel
higher and farther off
sometimes we stay still to stay still
tomorrow and here, tomorrow awaits us,
a past filled with glory
tomorrow will come late and we'll be happy.

IL CODIROSSO

Per Franco Loi

Dopo che ho chiuso il libro
mi è rimasto in testa un codirosso:
dalle bacche e dai fiori della memoria
si è aperto un suo sentiero di canto
fino a forare un'aria trasparente d'aprile,
ferma nel mio ricordare;
e dopo il codirosso, sulla punta di nuvole
scritte in silenzio, si sono aperte voci di bambini
e tutta la luce dell'estate ne riempiva le bocche,
e dopo un torrente e un greto mi sono venuti in mente
un torrente d'acqua scarsa ma non tanto
da scoprirne il fondo e non chiamarci a confidenza;
poi sono apparse interminabili veglie,
tre, quattro di noi giocavano all'alfabeto muto
nella medesima luce che faceva più aspre
le facce delle beghine.
Anche mio padre mi è venuto incontro,
asciugandosi le mani con uno straccio sporco
e altre cose che non ti dico sono apparse
perché le cose dette figliano le cose non dette
e le cose non dette figliano quelle dette,
così non si sa se il codirosso di oggi
sia lo stesso che tornerà a svegliarmi domani
né se domani torneranno le cose di adesso,
mentre penso a come la vita e il suo contrario
stiano vicine sui palmi delle parole ben scritte
più di quanto stiano stretti i pulcini che ho visto sui miei
quando ho letto del tuo codirosso.

REDSTART

For Franco Loi

After I closed the book
a redstart lingered in my thoughts:
from the berries and flowers of memory
a trail of song opened out and bore a hole
through the transparent air of April,
fixed in my remembering;
and after the redstart, at the height of clouds
scribbled in silence, the voices of children opened
and all the light of summer filled their mouths,
and then I recalled a brook and a bed of gravel
the brook shallow, though not so shallow
as to reveal the bottom and steal our trust;
then an endless stream of awakenings,
three, four of us trying to sign the alphabet
in the same light that made
the faces of the Beguines more severe.
My father, too, appeared,
drying his hands on a dirty rag
and other things were there that I won't tell you
for a thing, once said, bears unsaid things
and the unsaid bears the said,
so we cannot know if the redstart from today
is the same that will come back to wake me tomorrow
or if tomorrow the things here now will come again
while I think of how life and its opposite
are close in the palms of well written words
closer together than the hatchlings I saw in mine
when I came to the page of your redstart.

Cence di te, cun te
un pas indaûr, un pas indenant
slungjant la man
cu la fuarce dal ramaç tal penç dal cîl
cul viaç dai vôi tal mont
a planc a planc si cjatarìn 'ne gnot,
cjalant di nô ce ch'a nol reste,
intun trimul lusî di lune, di fûr, tal cûr
dentri la lûs.

In standard Italian

Senza di te, con te / un passo indietro, un passo avanti
/ allungando la mano / con la forza del ramo dove si
raddensa il cielo / con il viaggio degli occhi nel mondo /
a poco a poco ci troveremo una notte, / guardando di noi
ciò che non resta, / dentro un vago splendore di luna, là
fuori, nel cuore / dentro la luce.

Without you, with you
a step backward, a step forward,
extending a hand
with the strength of a branch in the thickening sky
with the path our eyes cut in the world
little by little we'll find ourselves one night
face to face with all we've shed
in the pale moonglow, out there, in the heart
inside of light.

Appunto

Dal desiderarti al pensarti mia
sei rimasta tu, mentre entri e ti siedi.
La luce ti viene alle spalle dalla porta socchiusa,
il pruno lascia il suo bianco al mattino.
Così intonati, il bianco e il pruno
fermi nel sole, noi.

In questa maniera gli alberi parlano al cielo
l'ombra degli alberi cresce lungo le iridi
verde più cielo
in questo modo di stare, precipitati.

NOTE

From wanting you and thinking you mine
you remained, as you step in and take a seat.
Light comes to your shoulders through the cracked door,
a plum tree gives what white it has to the morning.
So tinged are we, white and plum
stock-still in the sun.

In just this way the trees address the sky
the shadow of the trees grows along our irises
green and sky
this way of being here, so far fallen.

SONNO ESTIVO

Seduti, le gambe allungate nel silenzio,
uno a uno ci siamo portati i nostri giorni
solitudine con solitudine, impazienza e attesa;
e adesso che le tue spalle sono vicine alle mie
che il mio calore è il tuo,
quanto so dimenticare è nell'indugio
delle dita avventurate sulla tua pelle bionda,
sui tuoi capelli scuri,
nella paura che avvicina il nostro corso di scampati
senza rumore e senza appello, come quando
il verde di marzo spinge dai rami
e si fa abbracciare dal mondo,
come quando l'aria vive nello screzio
degli alberi carichi di luce
e c'è penombra nella stanza,
e la pace del prato è nei tuoi occhi,
ci perdona, si stringe intorno a noi.

Summer Doze

Seated, legs stretched into silence,
one by one we gathered in our days,
solitude on solitude, impatience and endurance;
and now that your shoulders are near to mine
now that my warmth is yours
all I can forget is in the hesitance
of my fingers running over your blonde skin,
through your dark hair,
in the fear that unites us in our escape
without sound and without appeal, as when
the green of March seeps from the branches
and settles easily over the earth
as when the air lives in the rift
between the trees laden with light
and a dimness takes the room
and a meadow calm is in your eyes,
it forgives us, it presses in around us.

Scrivere come sai dimenticare,
scrivere e dimenticare.

Tenere il mondo intero sul palmo
e dopo soffiare.

Write the same way you forget,
write and forget.

Hold the whole world in your palm
and then blow.

Poiein

Tu sei di qui, di questo mondo
l'ombra delle tue dita si stampa
sul candido del foglio, la punta della penna;
stai dentro le parole, stai ogni giorno dentro le parole
nella forma delle cose mentre le si osserva
e ogni forma diventa una forma di tristezza
il tuo lungo ingresso alla cenere.

Rimetta a noi i nostri cieli la parola aggiustata,
un segnale nutrito dal lampo nel poco di nessun conto
nel conto dei giorni vissuti senza cura
e abbracci, ma senza abbagliare,
ogni minuto preso dal vento
e il presente di queste mani
come se fosse eterno.

Poiein

You are of this place, this world,
the shadow of your fingers leaves its mark
on the page's blank, the nib of your pen;
you're in the words, you're every day within the words
in the form of things as they're observed
and each form assumes a form of sadness
your lingering entrance into ash.

Could a fine-tuned word restore the heavens
a symbol fed by a flash in an uncountable instant,
in the counting up of days lived unregarded;
could it embrace, without blinding,
every minute carried off by the wind,
and the present moment of these hands
as if eternal.

Mattino

Ho un acero, fuori casa, e tutto è lontano qualche volta
tutto passa nelle cose senza contorno
ho un acero misterioso come una città sommersa
e guardare diventa le sue foglie, l'ombra premuta
metà sulla strada metà nel giardino
la luce di ciascun giorno
dove le voci si appuntano e si disperdono.
Siamo l'acqua versata sulle pietre dei morti
sul filo teso tra la preghiera e il canto
siamo la neve dentro le cose
l'occhio cui tutto allucina, tutto separa
e vivere è un minuscolo posto nel mondo
dove stare in giardino.

Morning

I have a maple in the yard, and from time to time
all is distant, all filters into shapeless objects
I have a mysterious maple, like a sunken city
and my gaze becomes its leaves, its shadow stretched
half in the street, half in the garden
the light of each day
where voices merge and disperse.
We are the water poured over the stones of the dead
on the thread pulled tight between prayer and song
we are the snow inside of things
the eye dazzled and distanced by all
and to live is a shrinking space in this world
where I sit in the garden.

RISVEGLIO

Ci si risveglia un giorno e le cose sembrano le stesse
mentre invece dietro a noi si è aperto un vuoto
dopo che tutto è stato fatto per trattenere la vita
in mezzo a un panorama di pietre sparse e tegole rotte.
Allora uno mette il dentifricio sullo spazzolino
mescola lo zucchero al caffè
con l'attenzione che aveva da scolaro
quando ritagliava dalla carta
file di bambini che si tengono per mano,
piccoli pesci che baciano l'aria.

Awakening

We awake one day and everything seems as it was
while in truth, at our backs, an emptiness has opened
after all we'd done to keep life at the center
of a panorama of scattered stones and broken shingles.
So a man squeezes toothpaste on his toothbrush,
stirs the sugar in his coffee
with all the attention he had as a schoolboy
cutting a paper string
of children holding each other by the hand,
little fish kissing the air.

QUALCOSA NEL BUIO

L' altra notte ho messo la faccia nel buio
non c'era che la mia faccia non c'era niente
non si muoveva un solo rumore né una sola evidenza
animava al soprassalto, neanche il sospetto
di un'assenza concentrata in ombra
c'era solo la pressione del nero sugli occhi
con quella della nuca sul cuscino
e tutto attorno, qualcosa tutto attorno
conteneva quell'oscurità e me.

SOMETHING IN THE DARK

The other night I pressed my face into darkness
there was nothing but my face, nothing else
not the pulse of a single sound, no living response
to my sudden movement, not even the hint
of an absence condensed into shadow
only the pressure of blackness on my eyes
of my skull on the pillow
and all around, something all around
contained me and that darkness.

POESIA SCRITTA CON LA MATITA

Sono devoto all'anima di grafite della matita:
un solo colpo di gomma e il segno lasciato sparisce,
sentieri imboccati con leggerezza
si riconducono alla docilità della via maestra
i crolli vengono evitati con un'alzata di spalle,
l'imprevisto è un vecchio con il pugnale spuntato.

L'anima di grafite non conosce soste, esitazioni:
nel suo stesso procedere in avanti
ci chiama alla possibilità del ritorno,
nel suo segno scuro riposa la dolcezza del bianco
e Angelina torna a sorridere
tenendo per mano un bambino
abbagliato dal sole.

Tricesimo, 5 gennaio 2010

POEM WRITTEN IN PENCIL

The soul I worship is the pencil's graphite soul
one swipe of rubber and the mark is unmade
paths set out upon lightly
lead back to the ease of a small town drag
collapses are avoided with a shrug of the shoulders
the unforeseen is a codger with a blunted dagger.

A graphite soul knows no pauses, hesitations:
there in its forward movement
is the chance of turning back,
the relief of white, implied in its dark scrawl
and Angelina comes home smiling
holding hands with a child
washed in sunlight.

Tricesimo, 5 January 2010

NEL MESE DI MAGGIO

Dal mio giardino si vedono così e non si possono spiegare
l'accordo dell'azzurro rarefatto e quello del verde
che sale e si fa spazio in certe mattine di maggio
quando il calore viene sulle braccia scoperte
e tocca il tendine d'azzurro e il tendine di verde
che credevamo spenti, nella nostra testa di oggi,
tanti anni fa. In mattine così, la terra si piega
e si anima in cose inanimate come i sassi
nel brulichìo nascosto dalle foglie, nel nostro
essere muti e felici di non avere un nome.

Forse daremo un nome a questa luce sugli occhi,
alla rondine scolpita dall'aria mentre passa,
all'ombra durata un battito sulle nostre mani;
forse saremo infanzia e chiuderemo il pericolo
nel nome del pericolo e allontaneremo le nostre spalle
dalla città abbagliata e splenderanno amate dal caso
e dal vento le nostre impronte quando qualcuno chiuderà
il cancello dietro a noi, e ci guarderà partire.

In the Month of May

That's how they look from my garden and there's no telling why,
the accord between the rarefied blue and the green
that rises and clears itself space on certain May mornings
when the heat sits on our bare arms
and rouses the blue tendon and the green tendon
we thought useless, in our present minds,
so long ago. On such mornings, the earth retreats
and revives in inanimate objects like stones,
in the swarming colony hidden beneath the leaves,
in our being, mute and pleased to have no name.

Perhaps we'll give a name to this light on our eyes,
to the swallow carved from the air in its passing
to the shadow here for a heartbeat in our hands;
perhaps we'll be childhood and lock up danger
in the name of danger and we'll separate ourselves
from the glare-struck city and the traces we leave will beam
beloved by wind and chance, and someone will shut
the gate behind us and watch us walk away.

from
Dittico /
Diptych
(2004)

SCRIVI LUNE

Se manco amâr
al sveâsi al fos l'incjant
achì al sarès il to vivi,
do' ch'al lusìs un pôc plui in là.
Dentri il lusî de lune
ch'o viôt lusî come perfete sul fuei
cumò ch'o le ài scrite. Scrivi lune:
e tal zîr da la man ch'a la segne
jessi nì ca nì là,
consegnâ al sium dut il sunsûr dal mont
e cjaminâ sigûrs al lum da la gnotade.
Che cence tiere e cence cîl
a si è achì, trimant al vivi,
come l'aiar ator ator di un sbâr.

IN STANDARD ITALIAN:

SCRIVERE LUNA. Se meno amaro fosse l'incanto
dopo il risveglio, il tuo vivere sarebbe qui, dove
brilla un po' più in là. Dentro lo splendore della
luna che vedo splendere come perfetta sul foglio
adesso che l'ho scritta. Scrivere luna: e nel giro
della mano che la segna, essere né qua né là,
consegnare al sogno tutto il rumore del mondo e
camminare sicuri alla luce della notte. Che senza
terra e senza cielo si è qui, tremando al vivere,
come fa l'aria dopo uno sparo.

To Write Down Moon

If there were less bitterness
in the swoon of waking up
your pulse would be here
where it glows a short way off.
In the glow of the moon
I see glowing as if perfect on the page
now that I've written it. To write down moon:
and in the looping of the hand that makes the mark
to not be here and not be there
to leave to dreams the world's commotion
and walk unguarded in the evening light.
To be right now, without earth
and without sky, trembling alive
like the air around a gunshot.

CAIN

Ma par te, Cain, fradi ch'o ti scrîf,
i zenôi scussâts e il çarneli segnât dal lamp,
corisi davûr, corisi davûr simpri
il sanc ch'al bat il timp, tal timpli
la sô corse il cori dal to trimâ
e ogni dì a ti la polse un pas denant;
par te, Cain, nì il nome nì l'avonde
nì la pâs dal prime
nì il confuart dal dopo in pâs
nome la maludizion
di no podê colâ.

CAINO. Ma per te, Caino, fratello che ti scrivo,
le ginocchia sbucciate e la fronte segnata dal
lampo, rincorrersi, rincorrersi per sempre, il
sangue che batte il tempo, dentro le tempie,
la sua corsa il correre del tuo tremare e ogni
giorno la sosta un passo avanti a te; per te,
Caino, né il soltanto né l'abbastanza né la
pace del prima né il conforto del dopo in pace,
soltanto la maledizione di non poter cadere.

CAIN

But for you, Cain, brother I write to now,
knees scraped, forehead stamped by lightning,
chasing after and after yourself forever
blood beating time inside your temples
its course the coursing of your trembling
and every day your refuge one step farther;
for you, Cain, neither only nor enough
nor the peace of before
nor the comfort of after at peace
only the curse
of never faltering.

INNIÒ

E cuan' che tu sarâs già muart, ma muart
chês tantis voltis dentri une vite
ch'a si à di murî, alore slargje ben i tiei vôi
a la cjavece dal sium
e clame cun te ogni bielece ch'a ti bisugne
e intal rispîr di chel mont, met dentri il to:

cjamine pûr cun pîts lizêrs e sporcs
come chei di chel che sivilant al va par strade
ma tant che cjaminant su un fîl di lame fine
e al indulà che tu i domandis
lui, ridint, a ti rispuint
cence principi o pinsîr di fin:
«Jo? Jo o voi discôlç viers inniò»,
i siei vôi il celest, piturât di un bambin.

In standard Italian:

IN NESSUN DOVE. E quando tu sarai già morto, ma
morto quelle tante volte dentro una vita che si deve
morire, allora allarga bene i tuoi occhi alla cavezza
del sogno e chiama con te ogni bellezza di cui hai
bisogno e nel respiro di quel mondo, metti dentro il
tuo: cammina pure con piedi leggeri e sporchi come
quelli di chi fischiettando va per strada, ma come
camminando su un filo di lama sottile, e al dove vai che
tu gli chiedi, lui, sorridendo, ti risponde senza inizio o
pensiero di fine: «Io? Io vado scalzo verso *inniò*», i suoi
occhi il celeste, pitturato da un bambino.

NOWHERE-REALLY

And once you've already died, but died
those thousand times in a life
that one must die, then widen your eyes
to the halter of dreams
and carry with you all the beauty you might need
and into the breath of that world, breathe your own:

walk if you please on light and dirty feet
like one who might go whistling down the road
though walking as if on a razor's edge
and to your cry of, where you headed
he'll reply, through his laughter,
with no beginning or thought of an end,
"Me? I'm headed barefoot to nowhere-really,"
his eyes the blue of a sky a child would paint.

Dopo la ploie il sgotâsi des fueis
la voe alte dai fruts sore la cjere sauride
tal cjalâle sul seren da li' mans
la lûs come floride
e slis e crei e grant il cidìn dentri
come il prin ch'a s'impie dopo un flagjel.

IN STANDARD ITALIAN:

Dopo la pioggia lo sgrondare delle foglie, la voglia alta dei
bambini sulla terra saporita, nel guardarla, la luce sul sereno
delle mani è come fiorita e liscio e acerbo e grande il silenzio
dentro come il primo che si accende dopo un flagello.

After the rain, the dripping of leaves
the shrill pleaing of children on the fragrant earth
against the calmness of hands
the light seems to bloom
and the silence within is wide, and new, and fluid
like the first flare of silence after a tragedy.

SERA

Le nove, la sera, e un poco il nero che ti sporca le mani
è tutta la terra passata di qui
a che ora le api vanno a dormire, pensi, ti chiedi,
premi il cavo del palmo sull'orlo del ginocchio
nel dirti senti come sono nuove le foglie
da quale maniera di essere solo sono volate
adesso guardi le cose come sono venute
come si sono fissate, quando nella tua persona
e appena pieghi la testa nel vuoto,
nella domanda a che ora le api vanno a dormire
quando sono passati il sapore di terra e le nuvole
davanti ai miei anni, insieme.

Marzo 2002

EVENING

Nine o'clock, evening, and a bit of the black that stains your hands
all the earth has rolled through here
what time do the bees drift off, you think, you wonder
you press the hollow of your hand to the edge of your knee
saying, think of how new the leaves are
from which particular loneliness they've flown
you take things now as they come
and plant themselves before you, when within you
and ever so slightly your head nods into absence,
into the question of what hour the bees drift off
when the clouds and the savor of earth
passed before my years, together.

March 2002

IN OSPEDALE

A Mario e Donata

Dire con voce alta il bianco delle pareti,
i cappotti, i giacconi che trattengono l'aria d'inverno
di chi ti viene a trovare,
la paura sono i corridoi lunghi
con la gente che va sbandata in vestaglia
come staccato da sé, lungo i muri
mentre un vento fuori lucida le nuvole, le case
i rami di alberi che non conosco
e il vedere dei vecchi li vede da un occhio
da cui tutto il bello del mondo è andato via.

Grande meridiana del tempo, quando il tempo si è rotto
dentro qualcosa di grande, dentro.

Amo gli acrobati e li invidio
il pilota decorato e impietoso
dalla benda nera e il teschio sulla fusoliera
quando sperare è essere un corpo
con la carne tagliata per guarire
per un riconquistato assetto che ti faccia dire
voi venitemi a trovare quando esco
sembra di vivere quando saremo fuori.

Aprile 2002

HOSPITALIZED

To Mario and Donata

Say aloud the white of the walls,
the overcoats, the parkas stiff with winter air
of those who've come to visit,
fear is the stretching hallways
where men go swerving in gowns
as if out of their bodies, along the walls
while a wind outsides goes polishing the clouds,
the houses, the branches of trees still strange to me,
and it's the view of the aged, who see them through an eye
from which all the world's beauty has fled.

Giant sundial of time, when time ruptured
inside of something giant, inside.

I love and envy acrobats,
the cocksure and medal-pinned pilot
with a black sash and skull on the fuselage,
when to hope is to be a body
with flesh torn to heal
to renegotiate a balance that makes you say
come see me when I'm out of here,
it will be like life, beyond these walls.

April 2002

RITORNARE

I piedi hanno portato l'allegria delle impronte
i vostri piedini nella neve, bambini
nell'odore degli stivali di gomma
neri rossi celesti dove comincia la salita
dove finisce la discesa delle slitte
piegarsi nel ricordo, mi piego nel ricordo
a piedi uniti saltiamo nella neve
di quando guardare il cielo era una fantasia più grande
vera la verità delle cose toccate
sarò stato a quest'ora, sarò stato tante volte
lontano come a quest'ora, voce nella mia voce
occhio nel mio occhio rinnovato
mano mia nuova nel bianco della mia.

Maggio 2002

Returning

With your feet came the gaiety of footprints,
children, your little feet in the snow,
in the smell of rubber boots
black red sky-blue where the hill begins
where the sleds come to a stop,
to ball up in a memory, I ball up in the memory
our feet together, we leap in the snow
when the sky itself was wider to imagine
true the truth of a thing once touched
I'd have seen this hour, seen it many times,
distant as at this hour, voice in my voice
eye in my eye reopened
new hand of mine in the white of my hand.

May 2002

In bar, a Chiusaforte

Guardate come sta, come sta in piedi ancora
i pantaloni senza la riga, larghi sul davanti
e appena sporchi agli orli
la giacchetta era delle feste
dei Natali e dei funerali
e adesso stringe gli anni e insieme
un magro di scapole e le spalle
piegate sul bancone, manda dai polsini il bianco della mano
per dire mettimi davanti un altro nero
e fa' attenzione al colletto.
Quel poco di sé è le montagne di Chiusaforte
quando d'inverno si spaccano col gelo
e un poco franano ogni giorno.
Uno qua uno là, gli altri leggono il giornale
guardano la televisione da lontano
dove un cuoco e una allegra con le tette grosse
insegnano ricette.
Fuori c'è troppo poco cielo per dire domani
per dire cosa siamo stati
e il sole splende sull'autostrada
e sulla corsa delle macchine
quando uno apre la porta ed entra per guardare
come se il tempo lo guardasse da sempre.

Luglio 2002

CAFÉ, CHIUSAFORTE

Look at him there, still standing
pants with no crease, baggy in the front
and a little soiled at the hems
a jacket he'd worn to gatherings
to Christmases and funerals
now tight around his years, around
thin shoulder blades, his shoulders
hunched over the bar, and a flash of white hand from his cuff
to call for another glass, red,
and he fixes his collar.
What he has of a self are the mountains of Chiusaforte
when they crack in the winter freeze
and collapse a little each day.
One here, one there, others read the newspaper
watch the television high above
where a chef and an cheerful sort with large breasts
teach recipes.
Outside there's too little sky to see tomorrow
to say what we've been
and the sun beams on the highway
on the string of passing cars
when a man opens the door and eyes the place
as if time had been eyeing him forever.

July, 2002

TERZA PERSONA

Ha posato il cellulare come per guardare
come per stare dietro le sue pupille
lui, così toccato dalla nebbia
così presente dentro ogni assenza
ha appena schiuso il profilo delle labbra
scoperti i denti davanti alle voci che sono venute
davanti agli occhi che non lo hanno guardato
il bar come qualcosa dove i corpi s'incontrano
dove sta solo dalla cintura al suo culmine

ha ripreso il cellulare sul palmo
formulato un numero, un nome dentro una formula
chiuso le labbra prima di parlare
per essere come quando siamo stati
splende il cielo lontano dai nostri entusiasmi
pronuncia contro pronuncia, alito contro bufera
da qualche parte
i fiori fiorivano, dai boschi e dai prati
spuntavano quartine
qui tutto passa con il rumore di sempre.

Novembre 2002

THIRD PERSON

He set his phone down as if to look
as if to be behind his pupils
him, so touched by the fog
so present within each absence
scarcely unsealing his lips
he bared his teeth to the voices that came
to the eyes that did not see him
the bar like a room where bodies collide
where he's alone from waist to skull

he picked his phone back up
keyed a number, a name in a combination
closed his lips before he spoke
trying to be as when we were
the sky glows far from our enthusiasms
utterance against utterance, breath against windstorm
somewhere or other
the flowers were flowering, in forest and field
coming up quatrains
all that passes through here sounds as always.

November 2002

BIANCO

Da lontano vengono agli occhi il cielo
e le mani, da qualche parte lontana di te;
fuori nevica, sei tutto nel bianco della neve
ogni segno nel candore una ferita
e la campagna di là dai vetri è un corpo
un breve sguardo che si fa pronuncia
calore d'alito, la testa in mezzo alla veglia;

torna là, nella parola tradotta in silenzio
dove si annidano i passeri
i palmi sugli occhi, il petto sulle ginocchia
la fronte nella neve.

Febbraio 2003

WHITE

From a ways, the sky and your hands
come to my eyes, from some distant part of you;
it's snowing out, you're all in the white of the snow
every track in the candor a wound
and the field beyond the window is a body
a glance that becomes an utterance
the heat of breath, your head adrift in sleeplessness;

go back there now, in the word translated into silence
where the sparrows build their nests
your palms on your eyes, chest on your knees
forehead in the snow.

February 2003

SETTEMBRE

Gli orli hanno la luce di settembre
come una bella mela le nuvole oggi
sono innocenti, senza rumore
anche le macchine passano
nel silenzio della tua testa
sei qui, come una cosa sottratta
in questa calma di non appartenere
la nuvola sottratta alla terra
il salto allo slancio, l'orma al suo piede
il corpo a ciò che precede.

Giugno 2003

SEPTEMBER

September light is at the edges
like a good apple, the clouds today
are innocent, noiseless,
the cars, too, pass
in the silence of your mind
you're here, like a thing subtracted
in this calm of not belonging
a cloud subtracted from the earth
the impetus from a leap, a footprint from its foot
the body from all that precedes it.

June 2003

from
Dentro Gerico /
In the Walls of Jericho
(2002)

To die just as required, without excess.
To grow back just what's needed from what's left.*
Wisława Szymborska

* from Szymborska, Wisława. *Map: Collected and Last Poems.* "Autotomy."
Translated by Clare Cavanagh and Barańczak Stanisław, Mariner Books, 2015.

D'ESTATE

Ancora qui, ancora come
ancora sempre
come dove si sta;
quando comincia
il verde comincia
dove finiscono i cordoli
un breve vento trascorre
le fresche siepi in ombra
la forma del loro sostare
lo sguardo che le allontana;
fumo la sigaretta del mattino
per ricordarti aurora:
c'è un biondo di capelli che splende
come una nascita, e vola;
un seno che fa nuvola
nella camicetta bianca
tu che salutando vieni incontro
alla domenica dei miei occhi
la piana felicità di chi le cose
le vede nel persistere di cose.
È ricordarti
che pian piano ti allontana.

Summer Poem

Still here, still how
still always
as where we are;
when it begins
the green begins
where the curb ends
a breeze runs through
cool hedges in the shade
their shapely stillness
my gaze trailing off;
I smoke my morning cigarette
to remember the dawn of you:
a blonde, capillary flash
like a birth, and it's gone;
a billow of breasts
in a white silk blouse
you wave as you approach
the Sunday of my eyes
the clean contentedness of seeing
things in the persistence of things.
It's this remembering
that sets you ever further out of reach.

D'INVERNO

Dammi le parole, che non ti vedo
c'è un abete là fuori rilassato dentro una luce
dall'abete al mio sguardo l'inverno non si pronuncia
e l'aria danza su alluci sottili;
dammi un silenzio che si raduni ai confini
di questa geografia assediata, il tavolo
i libri, le risme di fogli spars
i cataloghi di grande formato
i titoli dei libri, io giroscopio e centro
nel vetro della mia assenza;
dammi un silenzio, che nomino per non perdermi le cose
ed escono parole
dammi un desiderio agile come un acrobata
segreto come un dolore
fammi dire vorrei crescessero parole
e sulla carne di quelle schioccasse
la frusta di un dolore orgoglioso
o rameggiasse un lampo nella notte degli occhi
luminoso come una moneta funebre
e nascesse un'oscurità rapace
capace di contenerlo:
una nottata di crocifissi, in fiamme;
niente, qui non si vede niente che non sia
nel cerchio delle mie pupille di nottolo
la noia è il pacchetto vuoto che appallottolo
sulla bilancia delle dita
tu ascolta e poi riascolta ricorda di ascoltare
io chiudo gli occhi io mi trattengo dentro
bendaci quanto basta per vedere.

WINTER POEM

Give me words, I cannot see you
a fir out back sways easy in the sunlight
between the fir and my gaze the winter flags
and the air dances on slender toes;
give me a silence that gathers at the edges
of this cramped geography, the table,
the books, the scattered reams of pages
the large format catalogues
the book titles—I, gyroscope and center
in the glass of my absence;
give me a silence, I name to keep from losing things
and words come out
give me a desire lithe as an acrobat
secret as a grievance
make me say I wish that words would grow
that the whip of a prideful pain
would crack their flesh
or a flash take root in the night of eyes,
bright as Charon's obol
and a ravenous dark come down
that could contain it:
a night of crucifixes, up in flames;
nothing, nothing to see here that doesn't lie
within the circle of my noctule pupils
boredom is the empty wrapper I crumple
in the balance of my fingers
listen, then listen again, remember to listen
I'll close my eyes and hold myself within
blindfold us so well that we can see.

Queste siepi

Fuori il sole è limpidissima Grecia
guardo un sereno di luglio
delle dieci di mattina
il verde lo trattiene tutto
dentro le foglioline di lauro
i giardini ben pettinati
gli azzurri, quanti dentro la parola
azzurro
a immaginare come, con il come
a marcare distanze
erano così, come questo
così diversi
i mari grandi degli idrovolanti
con uomini vestiti da marinai
l'azzurro alto del cielo e del mare
che tenevo negli occhi bambino
Croix du sud, Arc-en-ciel
Bristol Bombay, Short Calcutta
la cerimonia dell'alba
sull'argento delle carenature
perché a sud è sempre mattina
a sud è sempre sereno
e le figure negli occhi camminano
su calcagni scalzi
e stinchi sporchi ma alati
a pensarle così
a pensarmi così, farmi bambino
che dentro la testa tengo per me
come uno spicciolo nuovo
un fischio da dietro una siepe adesso che fumo
che nessun mare si alza dalla parola mare
e dietro le siepi passano macchine
che conto passare.

THESE HEDGES

Outside the sun is crystalline Greece
a July calm to look out on
ten in the morning
all held within the green
of the laurel leaves
the manicured gardens
and blues, as many as could fit
in the one word *azure*
to imagine how, and with that how
to mark the distance
that's the way they were, like this
so other
the great seas of the pontoon planes
men dressed as sailors
the high azure of the sky and sea
I stored in my boyhood eyes
Croix du sud, Arc-en-ciel
Bristol Bombay, Short Calcutta
the pomp of dawn
on the silver sleeknesses
because it's always morning in the south
it's always calm
and figures walk across your eyes
on bare heels
shins dirty but winged
to picture them that way
myself that way, to become the child
I hold onto in my head
like a new penny
a whistling behind the hedge now that I'm smoking
now that from the word *sea* no sea has risen
and behind the bushes cars
pass and I count their passing.

NOTTURNO

A così breve distanza di me
asse e buio della mia gravitazione
faccio irruzione nella mente di chi sono
celebrando l'ascensione del sonno:
ecco la terra persa, notte
vento d'estate vieni
vento che mi sottrai e imporpori
e viene un notturno che si depone
come il palmo di un padre
ma dove vai ma dove
ma 'ndolà vastu, ce fastu, tu, garibaldìn
tu così qualunque
avevi dieci anni leggeri
vele mosse dalla medesima brezza
avevi due mani un faccino
dieci dita per contare gli anni
e tutto un suolo, piumato di freschezza;
avevi di te
quanto bastava di te.

NOCTURN

At such a short length from myself
axis and darkness of my gravitation
I raid the mind of who I am
in celebration of oncoming sleep:
here is the earth no-longer, night
summer wind coming
wind erasing and reddening me
and a nocturn comes and sets itself down
like a father's palm
and where are you going, really
really, where's it you think you're headed, little rascal
ordinary as you are
with your ten weightless years
sails stirred by the selfsame breeze
with your two hands, your little face
ten fingers to count your years
and the ground below, feathered with freshness
and all the you of yourself
you could stand.

UNO CHE PARTE

A Giorgio Caproni

Ecco dov'è la cautela
di questo inverno in questa primavera:
tra la parola che sale alla bocca
la nuova che dal buio trabocca
la sola è quella d'addio che è trascorsa
alzando in silenzio la sua cima commossa;
il silenzio avrei voluto segnarlo
coi segni violenti che fanno i bambini
ma la scrittura sono le mani
che tengo in tasca composte
adesso che sono già qui
e muovo al molo d'imbarco
passi senza punteggiatura
e sguardi che violano il volo
senza necessità di altri sguardi:
un uomo che non sta più sugli spalti
uno che i suoi bagagli
li ha già spediti avanti.

Taking His Leave

For Giorgio Caproni

Here we find the caution
of this year's winter in this year's spring:
between the word that rises to the mouth
the new word overflowing from the dark
the only word is an old farewell
peeking its troubled head into silence;
I'd have liked to scratch that silence
with a child's violent scrawlings
but scripture is the hands
I keep folded in my pockets
now that I'm already here
and heading toward the port of departure
footsteps without punctuation
and glances that violate flight
with no need of other glances:
a man no longer in the wings
one who's already sent his luggage
on before him.

GERICO

È raro sentire cantare in strada
molto più raro sentire fischiare
o fischiettare
se qualcuno lo fa
l'aria sembra fargli spazio
ti sembra che un refolo muova
la flora dei tuoi pensieri
ti metta dove prima non eri;
ma come passa chi fischia
la noia stende le vertebre al sole
e tu rientri dov'eri
dietro il douglas dei serramenti
dentro il livore
degli appartamenti
al tango delle dita sul tavolo ti chiedi
da quali trombe scosse
scrollate le mura
per quali brecce potremo vedere
– fresca –
come un sogno appena sbucciato
la terra che calpesteremo, allegri.

JERICHO

It's rare to hear singing in the street
much less whistling
or humming—
when it happens
the air seems to part
you feel a gust bend
the flora of your thoughts
pushing you to where you weren't;
but just as a whistler passes
boredom stretches its vertebrae in the sun
and you return to where you were
behind the window blinds
in the rancor
of an apartment
to the tango of your fingers on a table
you wonder what riled trumpets
shook the walls
through what breach one day we'll see it
—new as a dream
just now peeled open—
the land we're bound to tread, unencumbered.

APRILE, PARCO GIOCHI

D'aprile, da piccolo
gli alberi mettevano mitrie
alzavano le teste in lunghe
lunghe liturgie
e tempio era il silenzio
luminoso delle nuvole;
oggi
un mezzo aprile di tanti anni fa
per tutto questo silenzio
nessuno nasconde la sua testa nelle mani
seduto, metto le tempie nella chiarìa di un cielo
che li vorrebbe amati
amati tutti, ognuno da qualcuno;
ciascuno invece scuote la sua cenere
e vedo ombre che passano vivendo
in festa come fossero vissute
orfano di tutti i moventi
la primavera è guardarne il riflesso
sulla peluria degli avambracci al sole.

April, Playground

In April, as a child,
the trees wore mitres,
raised their heads in long
long liturgies,
and the clouds' luminous silence
was a temple;
today
a long ago mid-april
for all this silence
no one hides their head in their hands
seated, I press my temples into the clearing
of a sky that would have them loved,
all of them, every one by someone;
but instead each flicks their ashes
and shadows go by living
on holiday as if they'd lived
orphan of all that moves
spring is in the sight of its reflection
on the thin hair of your forearms in the sun.

CASA DI RIPOSO, PRIMO PIANO

Per quanto staranno così
separati dalla propria armonia
note volate via
dallo stesso spartito,
per quanto vivranno così,
le nuche sulla federa sudata
il silenzio negli occhi
lo strepito delle mani accasciate
c'è tanto silenzio, qui, padre
la vita si alza in silenzio, qui, padre
respira salendo verso le tenebre
lo sforzo di un tronco strozzato dall'edera
e fuori sciama e chiama la gioventù fogliante
primavera mia
che ci sono finestre dove il sole
si affaccia come non desiderato
e azzurri che depongono
la loro azzurra dolcezza;
la speranza è nel gesto, papà,
senza radice e puro
dalla tua mano alla mia
dalla mia mano alla tua
lo splendore di un frutto maturo.

Nursing Home, First Floor

How long will they stay like this
apart from their own harmony
notes flown off
the same sheet of music,
how long will they live like this,
nape on a sweat-soaked pillowcase
silence in their eyes
the din of their defeated hands
there's so much silence here, father
life rises in silence here, father
breathing upward toward the shadows
the strain of a tree trunk strangled by ivy
and outside, the swarm and holler of youth in full leaf
my springtime
may there be windows where the sun
beams in as undesired
and blues that array
their blue tenderness;
hope is in the gesture, father,
pure and without root,
from your hand to mine
from my hand to yours
the glow of ripened fruit.

ISOLA

Padre, io a te
io inchiodato a te su questo scoglio
divino che conosci la tua alba
e allacci la tua potenza al fulmine
da questo culmine di spasimo
io vinto mando a te
vincitore di padri
la prora disorientata delle mie parole.
Concedi a coloro che erano ciechi
e a dismisura adesso vedono,
rotto il sigillo della fiamma,
l'ustione della carezza, il fragore
del pugno, ora che sanno
il tossico del palmo e delle nocche
ed è notte, profonda notte
a occidente di ogni immaginare
ora che le iridi conoscono
le costellazioni del dolore e del piacere;
concedi loro di sopportare
per ogni ciglio sospeso alle tenebre
al tramonto di ogni palpebra sfinita
la pronuncia dell'alba e del crepuscolo
e il rombo immenso, che sale dall'uomo.

ISLAND

Father, me to you,
me nailed to you on this rock;
divine, you know your dawn
and you strap your power to lightning
from this summit of spasm
vanquished, I send you,
vanquishor of fathers
the disoriented prow of my words.
To those who were blind
and who see now beyond measure,
the seal of flames broken,
you grant the burn of a caress, the clamor
of a fist, now that they know
what's toxic in a palm, in a knuckle
and it's night, the deep of night
west of all imagining
now that their irises know
the constellations of pain and pleasure;
you grant them the strength to bear—
for every eyelash afloat in the shadows
at the sundown of every exhausted eyelid—
the verdict of dawn and dusk
and the echoing rumble, that rises from man.

LE POCHE CARTE

Le poche carte che ho con me
piegato sulle pagine da scrivere
con una calma assira da scriba
senz'altra direzione che il dolore,
un giardino che filiazioni
e filiazioni, un'umanità tutta intera
ha finito per attraversare;
le poche carte, e questi occhi
lo specchio immobile dell'iride
screziato dall'ombra delle foglie;
stare così, senza distanza
tra il tempo e il tempo
la mano e la mano
senza memoria
come una disperazione
o un'infanzia.

LOOSE LEAVES

These few loose leaves I keep
bent over the pages still to write
with a scribe's Assyrian patience
with no other compass but pain,
a garden that generations
and generations, an entire humanity,
has come to cross;
these few loose leaves, and these eyes
the motionless mirror of the iris
dappled in the shadow of a tree;
to stay like this, without distance
between time and time
hand and hand
without memory
like a hopelessness
or an infancy.

Sono stato qui, io?
Sono stato qui?
Dentro questo vapore d'anni
a cercarmi?

Was I here?
Was I?
In this fog of years,
trying to find me?

from
La misura dell'erba /
The Height of Grass
(1998)

I globi chiari, i lenti
globi templari cumuli
dei venti non sono me.
—Franco Fortini

Il nonnulla che ti coprì le spalle
quel cencio di sole e luce che corse
la volontà disalberata e franta,
le dita di chi porse alle tue dita
breve calore, il vertice d'inverno
dei letti nichelati d'ospedale
e, nera a paragone di ogni nero,
la mezzanotte nera dentro il sonno
e il tuo centesimo rabbrividito
d'anima, il fuoco di febbre che rese
ogni minuto battaglia di lazzaro
una caduta ogni sosta di sangue,
quel nonnulla: che ti coprì le spalle

non eri tu.

The pale globes, slow
globes cumulus temples
on the wind are not me
—Franco Fortini

The nullity cloaking your shoulders
that scrap of sun and light that ran along
your will dismasted and snapped
the fingers of he who passed brief warmth
to your fingers, the height of winter,
the nickel-plated hospital beds
and black as any blackness,
the midnight black within your sleep
and the shivered farthing of your soul,
the fire of fever that rendered
every minute a Lazarus battle,
a defeat every stoppage of blood,
that nullity: cloaking your shoulders

was not you.

IDILLIO

Il temporale è passato di qua.
La ragnatela del ragno crociato
è un battimani di luce che varia,
non varia, al fresco di brezza che ha messo
respiri alle foglie. Concede adesso
nuovo calore il sole, e come passa
fra il pettine dei rami dal sereno
sull'angolo di muro in piena luce
ritornano fulminee le lucertole
a mettere teste e dorsi di rettile;
il temporale è passato di qua:
e dove il cielo ha colore di selce
un tuono tarda sovrano, ma poco
increspa, del colpo infertole, quiete.

IDYLL

The storm passed through here.
A crowned orb weaver's web
is an applause of light, varying,
unvarying, in the coolness blowing
breath into the leaves. The sun concedes
new warmth, and as it moves
through a comb of branches to a calm
corner of the wall, in plain light
the lizards come back flashing
to sprout their reptile heads and tails;
the storm passed through here:
and where the sky is the color of flint
a thunderclap lingers sovereign,
only faintly ruffling the calm.

AL SOLE

Com'è franco e come sta aperto il sole
sulle virgole di queste lucertole
e come come loro ora mi attardo
pulito e netto come un minerale
a fare breccia di me stesso e muro
o piolo dopo piolo a scavalcare
il luogo dove, t'assicuro, si alzano
le nuvole degli alberi turgenti
e un'ape e la corolla e al sole il rame
che vi gioca e sospinto dentro il sole
io uomo vivo, un organismo dove
un dio precipitò tutta la terra
la terra allontanò tutto quel dio;
sei qui non parti non ritorni attendi
di partire, pierluigi, o di tornare
e più che ritorni più che partenze
queste attese caninamente al sole
lo sapevi anche tu, che sono amare.

In the Sun

How frank, how open the sun is
on the commas of these lizards
and like, like them I linger now
clean and definite as a mineral, becoming
a breach in the wall and the wall itself
or climbing, rung after rung
to the place where, I assure you,
the billowing clouds of trees
rise to their height and a bee
and the corolla and a sunlit branch
wavering there is blown inside the sun.
I, a living being, an organism where
a god flung down a world of dirt,
the dirt, distanced entirely from that god;
you're here, don't go, don't come back, wait
to go, pierluigi, or to come back
and more than comings more than goings
this wretched waiting in the sun,
you always knew—this bitter wait.

C'è poca luce

C'è poca luce in questa illune stanza
uno se cerca le cose le trova
per caso come nel buio come esiti
di sogno dov'è smarrita ogni carta
di navigazione e lui che si attarda
in fremiti – ci vuole pur qualcosa
un urto, l'approdo di uno smarrito
Enea o un verbo come terminare
o chiudere. Concludere. Dov'è.
Talvolta ascolta, lui, dal fine udito
talvolta brilla o vorrebbe brillare
come brilla un crepuscolo di luce
fra il bruno delle rose risopito.

There's Little Light

There's little light in this moonless room
looking for things you find them
by chance, as in the dark, like the fumes
of a dream where the maps are all missing
and he who lingers, shuddering—
still there's something needed
an impact, the arrival of a missing
Aeneas or a verb like *to finish*
or *to close. To conclude.* On the spot.
Sometimes he listens, his hearing sharp,
sometimes he glows or would like to glow
as the light at twilight glows,
roseate, into a fading umber.

Attieniti alla misura dell'erba
di questo prato che è largo
quanto si stende di verde
è qui che sei approdato, adesso;
ti sei svegliato
hai inforcato gli occhiali
hai calzato le scarpe
hai camminato, perfino:
per questo è plausibile
che ogni soffio di brezza
sia un bacio di Armida
che il prato sorrida
com'è scritto nei libri

Keep to the height of grass
in this field that streches
as wide as the green
it's here you've washed up, now;
you awoke
fished for your glasses
pulled on your shoes
took a step, even:
and so it's plausible
that every puff of wind
is a kiss from Armida
that the field is smiling
as the books would have it

Quando Orlando
raggiunse il fiumicello e la radura
e il bel boschetto bello
di verde e di animali e vide
i graffi d'amore sulle scorze
e immaginò di Angelica accaldata
le scompigliate frange
ai baci e alle carezze di Medoro
un fendente di furia gli montò
dal ventre fino dentro la ragione
gli esplosero le costole dell'anima
e il senno gli fuggì
con la rapidità di un battimani.
Ci volle il buon Astolfo
saltasiepi britannico
e astronauta del millecinquecento
per bene seguitare le sue corse:
salì dentro i crateri e per le falde
dei monti della luna
e dire che saliva tanto in alto
voleva dire anche
dei viaggi che anche noi potremmo fare:
più spesso dei bambini quando fanno
gli esploratori nei giardini
o gli ammiragli
delle pozzanghere

When Roland reached
the stream and glade
and pretty patch of forest, decked
with green and animals and saw
love's clawings in the bark
and pictured his Angelica
hot breath, hair undone,
under Medoro's lips and hands,
a bolt of rage shot through his blood
from waist to brain
split the ribs around his soul
and stole his senses
in a flash.
Only the hedgehopping Brit
and sixteenth century astronaut,
good Astolfo,
could ever run him down:
venture through the craters and foothills
of the mountains on the moon
and remind that to climb to such heights
is a voyage any one of us could make:
children, most of all, when they play
backyard explorers
or admirals
on the rainpuddle seas

Qui è appena grandinato
considera la porzione di cielo
rotta a nord
dal culmine della villa di fronte
anche noi siamo abitati dal fulmine
noi stessi cielo
se l'intercedere di una metafora
fa di noi più cielo
altro l'andare nostro al nostro andare.

Only just now it hailed here
consider the portion of sky
ruptured to the north
from the height of the facing villa
we too give home to lightning
we too are sky
at the mercy of a metaphor
that dresses us as sky, and makes
our footsteps strange to our footprints.

Elementare

E c'è che vorrei il cielo elementare
azzurro come i mari degli atlanti
la tersità di un indice che dica
questa è la terra, il blu che vedi è mare.

ELEMENTARY

I'd have an elementary sky, if it were me,
azure as the oceans in an atlas,
the curtness of a pointer finger pointing
here is the earth, that blue there is the sea.

Coda

from
Stato di quiete /
State of Calm
(2016)

Verso le dieci, in ozio

Stacca dal colore della rosa
la prima volta che te ne portarono un mazzo;

dal battere sui vetri della pioggia
il giorno in cui una finestra venne sfondata;

i sorsi bevuti
dal sapore di caffè;

strappa via dal colophon del libro appena richiuso
i mattini in cui studiavi, avevi cento anni,
andavi a scuola;

non sovrapporre l'ora di adesso
all'ora di buio e all'ora di consolazione,
il giorno senza connotati
al giorno senza connotati;

strappa dividi strappa ancora,
separa questo da quello,
la prima dall'ultima volta

e il suono dello strappo lasciato
chiamalo col mio nome.

AROUND TEN O'CLOCK, RECLINING

Extract from the rose's color
the first time that they brought you a bouquet;

from the beating of the rain on the glass,
the day a window shattered;

what sips you've taken,
from the richness of your coffee:

tear from the colophon of the book you just shut
all the mornings you spent studying, a hundred years old
and still in school;

don't superimpose this hour
on the hour of darkness and the hour of consolation,
this uneventful day
on an uneventuful day;

tear, divide, keep tearing,
separate this from that,
the first time from the last,

and the sound of the scrap you're left with—
call it by my name.

CAMPO VISIVO

Mi piace l'espressione "campo visivo",
con tutte le cose che ci puoi mettere dentro,
questa luce diversa che dà sul freddo, l'ombra
sulla soglia, là, verso il cipresso puntellato,
o il retro di alluminio dello stop che è una luna
sulla strada, ci puoi mettere anche un mare
con tante barchette, come nei disegni dei bambini,
negli acquerelli dei principianti; sopra c'è il sole
l'azzurro passa calmo sotto le chiglie e tutto
e dappertutto è illuminato, puoi perfino uscire, se vuoi,
con le scarpe lucide, il colletto rigido, verso il giorno
di festa e dire papà portami dove non so.
Puoi coltivarci tutto quello che ti conforta vedere,
quanto c'è di buono e quanto c'è di inoffensivo
di qua le parole, di là la radice delle cose,
finché sale la pianticina, sale, e ti stringe il respiro.

FIELD OF VISION

I like the expression "field of vision,"
and all the things you can fit inside of it,
this different light, pouring over the cold, the shadow
in the doorway, there, by the propped-up cypress,
or the aluminum back of a stop sign that's a moon
in the street; you could even fit a sea
with a few little boats, like in a child's drawing,
an amateur watercolor: sun up high,
sky blue passing easily under the keels, and everything
and everywhere soaked in light; you could even step out, if you want,
in your polished shoes, starched collar, and approach the day,
a holiday—saying, dad, take me somewhere new.
There, you could gather all that brings you comfort,
all that's good in the world and inoffensive
with words on this side, the root of things on that,
until a stem sprouts up, and up, and your lungs go tight.

SOLE DI NOVEMBRE

Luce bianca sui vetri.
Con il tempo buono l'inverno che arriva è una manciata di bambini
fioriti nel parco, l'azzurro tocca il cielo senza nuvole
ogni solitudine si concede al tempo, ogni solitudine sprofonda
e si distoglie. Luce bianca, pietra e metallo nell'aria,
con il ritmo di uno scalpellino, un qualche uccello che non conosco
lascia il suo verso farsi novembre,
di punta in punta crescere e scomparire
e dappertutto non è il posto in cui cercare
nel silenzio acceso delle ossa, nella testa.
Dappertutto non è il posto in cui cercare.

November Sun

White light on the windows.
In good weather, winter comes as a handful of children
blooming in the park, blue light touching the cloudless sky,
and all loneliness cedes to the weather, sinks in the earth
and dissipates. White light, stone and metal in the air,
the chiseling song of one bird or another
working its way into November,
growing scrape by scrape and trailing off,
and everywhere is no place to go looking,
in the silence that glows in our bones and in our heads.
Everywhere is no place to look.

SCRITTA DA UN MARGINE

Non si tratta di riempire, si tratta
di far parlare il vuoto. L'ortensia
si è piegata al frutto della luce
ma non c'è tensione oltre le siepi di lauro,
nella tenue foschia di mezza mattina. Sarà
il tremolare delle gemme di marzo, sarà
l'aria spartita dal raschio di un autocarro
e il ricomporsi del silenzio che chiude una scia.
Dalla testolina di un passero, la prospettiva
accompagna lo sguardo alle quinte di alberi alti
dove il cielo si rompe in turgore e il bianco
ha il sapore di un inno; si vive
appena sopra la superficie del sogno
e tutto accade a un passo da qui.

NOTE IN THE MARGIN

It's not a question of filling but one of letting
the emptiness have its say. The hydrangea
bends with the fruit of the light
but there's no tension beyond the laurel hedges,
in the thin, mid-morning haze. It must be
the trembling of March's birthstones—must be
the air split by the rasp of a passing truck
and the silence closing in around its wake.
From a sparrow's head, the view
shifts with my eyes to a backdrop of tall trees
where the sky swells to bursting and the whiteness
holds the feeling of a hymn; here we live
just above the surface of our dreaming,
and all that happens happens one step off.

FOTOGRAFIA

Siediti qui, vicino al tuo amico seduto
e sistemati i capelli, l'aria ha un suono rotondo, oggi,
e tutto è luminoso, dietro di voi il mezzogiorno cresce
sul farsi dell'erba nella luce: è primavera
ma potrebbe essere l'estate a stringervi nell'obiettivo.
Ora che lui ti è accanto, mettigli sulla spalla una mano
e fa' in modo che sia nata per questo momento,
che sia leggera, presente come il sole sui sassi,
ecco, non c'è più niente davanti a voi, adesso,
né cosa vi salverà, né cosa vi perderà
tieni solo lontana l'ombra di quello che è stato
non farla entrare negli occhi
e sorridi, prova a sorridere.

PHOTOGRAPHY

Sit down here, next to your friend,
and fix your hair. The air has a rounded sound, today,
and everything's bright, the afternoon growing behind you
on the grass shifting in the light: it's spring
though it could be summer that's pressing you into the lens.
Now that he's next to you, place a hand on his shoulder
and make it seem like your hand was born for this moment,
like it's weightless, as present as the sun on the stones
like that—there's nothing in front of you, now,
nothing to save you, nothing to leave you behind.
Just keep the shadow of what was at a distance.
Don't let it in your eyes.
And smile, try smiling.

NATIVITÀ

La neve sarà già alta la mattina,
nessuno di loro guarderà il nero dei rami che taglia
il cielo dell'inverno, il cielo che si specchia nella neve
la neve che si specchia dentro il cielo,
sfileranno dalle cassettiere i pantaloni migliori, la gonna giusta
la giacca che era del padre quando si sono sposati
annoderanno la cravatta con dita imprecise
e sapranno di acqua di rose e naftalina
perché sarà il giorno che accoglie la devozione
e ferma il tempo degli abiti sudici, dei tagli sulle mani;
si troveranno tutti nella chiesa troppo grande
per il paese piccolo e daranno al Natale la forma
delle loro giacche sformate, del loro stare vicini,
del vapore dei loro aliti, lo faranno per loro
e perché è la festa, e per tornare alle case
se non conciliati meno pesanti nel buio del giorno corto,
lo faranno allora, lo faranno oggi, lo faranno domani
lo faranno finché starà fermo il palo drizzato
nel mezzo del ricordare di chi li ricorda e la neve,
nel freddo, sarà già alta la mattina.

NATIVITY

The snow will be high by morning.
Not one of them will notice how the branches' black
slices the winter sky; the sky reflected in the snow
snow reflected in the sky.
From drawers, they'll whisk
their best pair of pants, the proper skirt,
the jacket their father wore his wedding day.
They'll tie their ties with clumsy fingers
and smell of eau di rose and naphthalene.
For tomorrow is a day set aside for devotion,
a respite from soiled clothes and cut up hands,
and they'll gather in the church that's much too big
for their little town, and fill out Christmas with the shape
of their shapeless jackets, of their nearness,
of the steam from their breath. They'll do this for themselves,
and because it's a holiday, so they can go back home—if not at peace,
at least a little lighter in the dark of the shortened day—
as they'll do in the past, and will today, and will tomorrow
and will until a pole is driven through
the memory of those who remember them, and the snow,
in this cold, will be high by morning.

Febbraio

Ogni ramo accompagna la sua luce
ciascuno spoglio, ciascuno accolto, raccoglie l'aria
intorno al suo nero, ne spreme la parola
e fa del cielo di febbraio un respirare
dentro e fuori i tuoi polmoni.
Da me a me, come sono lontane quelle montagne
come tacciono, trasparenti in questo invaso di pace
se si sta fermi, se si sta còlti e appena concessi alla meraviglia,
qui, nell'aldilà di un attimo, deposti nel suo palmo delicato,
il tempo è un ospite che ha fretta,
la mano sulla maniglia, il piede sulla soglia,
apre e chiude le labbra prima di parlare, senza che tu sappia
se si trattiene, se mette il piede più in là, se supera l'indugio;
fermalo, allora, se puoi; e fermati,
fermane l'istante inespugnabile
il mozzicone gettato fra i sassi, la sua ultima scintilla
che si libera, va via, oltre le sue gambe.
E una volta vivo, e un'altra volta ignoto,
di te riconoscere la faccia che ti ha voltato le spalle
nel fiume, nello scorrere che va sulla tua storia,
così, com'è ora, com'è già stata un giorno.

February

Each branch pairs off with its own light,
each one leafless, each contained, collects the air
around its blackness, expressing a word,
turning the February sky into a breathing
in and outside of your lungs.
From me to me, how far those mountains are,
how mute, transparent in this reservoir of peace—
and if you're still, if you're plucked and placed on the edge of wonder,
here, in this momentary elsewhere, set down in its delicate palm,
time is a guest in a hurry,
hand on the doorknob, foot on the doorstep,
that moves its lips before it speaks, so you don't know
if it's holding something back, or walking off, or fighting hesitation;
so stop it, here, if you can; and stop yourself,
stop this unassailable instant:
cigarette butt tossed by the rocks, its final gleam
freeing itself, burning out, just past your legs.
And once alive, and once again unknown,
calling up that face of yours that turned away
in the river, the current that runs over your history,
like this, as it is now, as once it was.

NOVEMBRE, ANCORA

C'è l'azzurro, quasi bianco in fondo,
dove segue i profili delle creste,
c'è, con l'odore di foglie morte,
questo novembre che tarda a farsi novembre
e poi una mattina aperta, la pulizia delle forme:
davvero, non saprei dire quando le parole cadono lontane,
né come la luce diventi silenzio, questa, per esempio,
su questa facciata che le finestre riflettono muta
o sull'opaco di una mentre sale in bicicletta la strada,
l'intralcio delle borse appese, una fatica già avanti negli anni,
remissiva, desolata. C'è, nella desolazione, un che di candido,
un transito delle cose minute, la ruggine che affiora,
l'erba che spacca l'asfalto. E, dentro il rodere del tempo, tu,
con la tua cuffia pesante, con le tue mani in tasca
e un filo di freddo infilato sotto il maglione.
Mettici anche i pochi metri che ti separano da casa,
un saluto frettoloso e un saluto lasciato cadere
nella luce che non dice altro che sé stessa
e allora, nella mattina aperta, pulita nelle sue forme,
alzi lo sguardo di tutte le volte che non hai guardato.

AGAIN, NOVEMBER

A blueness, almost threaded with white,
where the ridges trace their contour,
and this November, with the smell of dead leaves,
that's remiss to be November,
and the open morning, the cleanness of its shapes:
I can't explain, in truth, when the words descend
at a distance, or how the light turns into silence—
the light, for example, thrown back mutely
by the windows of this house, or absorbed
by a woman climbing a hill on her bike,
bags skewing the handlebars—a struggle she's faced for years,
acquiescent, desolate. There is, in desolation, a certain pureness,
a back-and-forth of minor matters, a rust that blooms,
grass that splits the asphalt. And there, in time's gnawing: you,
with your heavy bonnet, hands in your pockets,
and a blade of cold tucked beneath your sweater.
Throw in the few yards from you to your house,
a hurried wave goodbye, a goodbye dropped
in the light that tells of nothing but itself—
and then, in the open morning, with its clean shapes,
you lift your eyes for all the times you looked away.

ALBUM

Erano casette disegnate, con il comignolo
e un filo di fumo che saliva a spirale
dentro un azzurro azzurro senza sfumature.
Le nuvole erano la nostra pelle,
e dal sole la mano guidata scendeva
al sempreverde del prato.
Giù, nel piccolo pugno, il pastello teneva
finestre aperte su un cielo grande,
lontano da noi.

Album

Little houses, sketched with chimneys
and a string of smoke curling upward
in a bluest blue without nuance.
The clouds were our skin,
and your guided hand descended from the sun
to the evergreen fields.
Down here, in your little fist, the crayon held
windows open to the sky—
wide, and nowhere near us.

ALBA. STATO DI QUIETE

Stare afferrati al sonno, luce e naufragio dove non si è toccati
dal lampo, stare lì, a pinne ferme,
la memoria di essere pesci suscitata.
L'acqua stagna può mandare splendori
ferma com'è più nel non fatto che nel fatto
nel non detto che nel detto;
l'immobilità, qui, si forgia in dote, il guizzo rivelatore si cancella.

Erano appena ieri l'incoscienza dell'incontrarsi
dopo che la terra aveva tremato,
le spalle giovani, il sole sulle pietre sgretolate
nel campo di calcio spelato.

Le voci allegre dei vinti,
un lancio lungo dai miei occhi all'alba,
quando il colore si versa violetto le conserva
fra i rami dell'abete grande, lontanissimo, là, oltre la finestra;
la luce contemplata non è che un soffio mentre si pronuncia,
l'erba premuta un accento del sonno smosso.
Da allora a ora, da lì a qui.

La faccia sta ferma, l'alba gira lontana
le vene si rompono e bruciano
le fibre muscolari marciscono come ultime lettere d'amore.

Dawn: State of Calm

Gripped by sleep, light and shipwreck where the lamp
can't reach—right there, fins at our sides,
in a memory of when we were fish.
Standing water can shimmer, in that stillness
we find more in the undone than the done,
in the unsaid than the said.
Stasis, here: recast as a gift, the flash of intuition spent.

Just yesterday, who knew we'd get together
after the earth trembled—
callow shoulders, sun through the crumbled rocks
on the shorn soccer field.

Cheers from the losing team—
held in the arc from my eyes to the dawn,
when the color spills violet,
in the fir tree's branches—miles off, beyond the window;
the thought of light, when spoken, is just a hush,
the trodden grass a hint of broken sleep.
From then to now, there to here.

My face unmoving, dawn stirring in the distance,
veins rupturing and burning, muscle fibers
atrophying like love letters near the end.

LE BELLE LETTERE

A Eraldo Affinati

I polpastrelli premuti sulla terra battuta,
la combustione degli istanti liberata in uno scoppio
nel corpo lanciato verso cento metri che non finiscono più
che sono già finiti,
i lunghi ritorni a casa, estenuati,
dove qualcosa dentro noi andava puntellato
nella desolazione, per catturare il mondo in un dettaglio,
come guardato attraverso una fessura.
Siamo antichissimi e giovani,
abbiamo visto Vienna liberata dai cavalieri alati,
chiuso le belle lettere in un tascapane,
accanto alle cartucce
scalato le marce e aperto il gas in un ruggito
dopo l'ultima curva
e ancora la bellezza e il dolore sono un cielo
che entra nella voce e la spezza.
Non per orgoglio del compito svolto
ma per orgoglio del compito
qualcosa rimane nel nostro dire
abbiamo inciso i nomi sul tronco folgorato,
siamo passati di lì.

BELLES LETTRES

For Eraldo Affinati

Fingertips pressed to the clay track,
the combustible moment, freed in a blast,
in a body launched a hundred endless meters
that here come to an end;
the long trips home, exhausted,
something within us shored up
in the desolation, trying to capture the world in a sliver,
as if spied through a crack in the wall.
We are age-old and in our youth,
we've seen the winged horsemen free Vienna,
tucked our *belles lettres* in a haversack
next to our cartridges,
downshifted coming around the final bend
and pressed the gas in a roar—
and still, beauty and pain are a single sky
that enters our voice and ruptures.
Not for pride in the task fulfilled
but for pride in the task,
there's something lasting in our words,
we carved our names into the electrocuted tree,
we passed that way before.

OGGI. SCRIVERE IL NOME

Comincia con lo scrivere il tuo nome,
perché ne resti traccia, qualche segno di grafite
risonante nel bianco. Con poche lettere
sigla decenni di storia, il silenzio
della pagina pronto a spalancarsi,
ad accogliere e disperdere.
Spicca nel bianco e non è più bianco
ma voce la matita che attraversa il foglio,
e goccia a goccia qualcosa cede e ti si allarga dentro:
Pierluigi, e dopo Cappello, in un sussurro un nome;
e dentro un nome, l'uomo che non concede a sé
i suoi stessi lineamenti, protetti da un'ottusità misericordiosa.
Leggero, come la cenere. Fresco, come l'aria fra le dita.
Scomparso, come una nuvola.

TODAY: WRITING YOUR NAME

Start by writing your name,
so something remains, a few traces of lead
sounding in the white—decades of history
sworn in a handful of letters, the page's silence
ready to part, to absorb and disperse.
Moving across the sheet, your pencil juts
into white and is no longer white, but voice.
And drop by drop something gives, expands within you:
Pierluigi, and then Cappello, in a whisper a name;
and in a name, a man who will not grant himself
even his own features, guarded by a merciful obtuseness.
Light, like ashes. Cool, like air between fingers.
Vanished, like a cloud.

PORTA APERTA

Non so bene cosa ci abbia portati qui
che cosa sia rimasto di noi,
sarà stato il diventare presto
un modo di essere soli e risonanti nel buio
mentre la notte ancora non viene
e dai verdi rassodati dalle molte piogge
si stacca un'altra volta l'estate,
una sospirata ingenuità si allontana.
E un posto tanto vuoto che pare ti appartenga
allunga un'ombra sull'ombra che sembrava la tua.

OPEN DOOR

I'm not entirely sure what led us here,
what's left of us—
maybe just this rapid becoming,
a way of being alone and aloud in the dark,
with the night that still won't come.
And yet another summer peels itself
from greens packed down by the constant rain,
a sighed naivety trailing off.
And a place so empty it seems a part of you
casts a shadow over the shadow I thought was yours.

ACKNOWLEDGMENTS

My greatest thanks go to Alessandro Fo, who not only introduced me to Cappello's poetry but also shepherded this project all the way to publication, helping to parse the more complex passages in Italian with an encyclopedic knowledge and a deep sense of Cappello's poetic instinct. Near equal thanks go to Nicola Crocetti, who first mailed me a copy of *Mandate a dire all'imperatore,* and who, in his role as editor at *Poesia,* first published my translation work. I thank Sonia Finotello, in foreign rights at Rizzoli, who has worked alongside me every step of the way, from the very first journal publication. And I thank Paolo Valesio who, through his Centro Studio Sara Valesio in Bologna, has twice held events to showcase this collection. My gratitude as well to Anna De Simone, Sabrina Annoni, Federica Magro, Graziella Sidoli, and Antonella Nonino, and to Luigi Fontanella, for his continued advocacy.

I am grateful to the Bread Loaf Translators' Conference for a scholarship in support of this manuscript, to Don Share and to all of the participants there who helped to sharpen these translations. And I remain deeply indebted to the Academy of American Poets, who supported this project with the generous Raiziss/de Palchi Fellowship, and to the American Academy in Rome, for the most charming time and space in which to complete this manuscript. Additional thanks to Tod Thilleman and Aurelia Lavallee at Spuyten Duyvil, for taking the final manuscript under their wing, to Oliver Munday for designing the cover, to Victoria Pearson for her sharp review of the proofs, and to all of the editors at the journals who have published these poems along the way, continually renewing my faith in the project.

For their careful readings of early drafts, I am grateful to Franke Varca, Sam Bett, Greg Miller, Christina Mengert, Simone Burratti, Francesco Consiglio, Stephen Kampa, and Debora Greger. I thank my mother and father, for their unenumerable kindnesses and unalienable love; and Laura Lanz-Frolio, for her love and support.

This book does not exist, of course, without the wondrous life and work of Pierluigi Cappello, who would have so loved to see its publication. In the face of incredible physical pain and limitations, Cappello wrestled these poems into existence, refusing to lower his gaze, refusing despair, and the achievement is as marvelous as the lines themselves.

I dedicate these translations to Rosanna Sciarra and Alessandro Turci, who over the past eight years have taken me into their homes in Bolsena and Siena, given me their warmth, their time, their encouragement, and the language, food, music, humor, art, and amari of Italy.

Index of Titles in Italian

PIERLUIGI CAPPELLO (1967 – 2017) was born in Gemona del Friuli and lived for most of his life in Chiusaforte, in the northern Italian region of Friuli Venezia Giulia. For his poetry, he received a Montale Europa Prize (2004), the Bagutta Opera Prima Prize (2007) and the Viareggio-Rèpaci Prize (2010), and in 2014 was named a beneficiary of the Legge Bachelli, a guarantee of lifetime financial support from the Italian government for artists of merit. His prose works, published by BUR Rizzoli, include *Questa libertà* (2013) and *Dio del mare* (2015). In 2018, Rizzoli published his collected poems, *Un prato in pendio*.

TODD PORTNOWITZ (1986) is the translator of *Long Live Latin* by Nicola Gardini (Farrar, Straus and Giroux, 2019) and *Midnight in Spoleto* by Paolo Valesio (Fomite, 2018). For his translations of Pierluigi Cappello, he received the 2015 Raiziss/de Palchi Fellowship from the Academy of American Poets. An Assistant Editor at Alfred A. Knopf, he is the co-founder of the Italian poetry journal *Formavera* and of the reading series for writer-translators, Us&Them. He lives in Brooklyn, NY.

Made in the USA
Middletown, DE
18 April 2023

29029701R00109